杉本 稔・三澤 真明・鈴木 隆志［著］

現代政治学入門

北樹出版

はしがき

　1989 年 11 月、東西冷戦を象徴していた「ベルリンの壁」が実質的に崩壊してから、今年で 35 年が経過した。1980 年代の後半から 90 年代初頭にかけてのあの高揚感は何であったのだろうか。歴史の大きな曲がり角に立ち会っているといった、ある種の興奮があったのは間違いのない事実であった。分断から協調へという時代の大きなうねりを感じていた。

　しかし近年の政治状況をみると、わが国のみならず世界中であの時代の潮流に逆行する動きが顕著になっているように思われるし、またかつて経験したことない新たな政治現象も散見される。

　本年 6 月に行われたヨーロッパ議会選挙では、従来通り中道右派グループが最大会派としての地位を保ったものの、ヨーロッパ統合に懐疑的な極右勢力が台頭し、EU（ヨーロッパ連合）の将来は不透明さを増している。

　これに脅威を感じたフランス大統領マクロンは国民議会を解散して巻き返しを狙ったが、同年 6 月の第 1 回投票ではマリーヌ・ルペン率いる極右勢力の国民連合が大躍進した。危機意識をもった与党連合と左派は第 2 回投票で手を結び、かろうじて極右政党の勝利を阻止することができた。

　またアメリカでも「アメリカ第一主義」を掲げるトランプの大統領復帰が確定したため、アメリカ社会の分断が危惧され、また国際社会に及ぼす影響が懸念されている。

　さらにわが国では本年 10 月の衆議院選挙で自民党・公明党の与党連合が過半数獲得に失敗し、野党である立憲民主党、国民民主党の躍進が注目を集めた。少数与党に転落した自民・公明連立政権は、国民民主党の主張を 1 部取り込むことでかろうじて政権を維持するなど、非常に不安定な政治状況が続いている。

　これらの政治状況に通底する特徴としてみられるのは、かつて冷戦終結後に顕著であった協調ムードは吹き飛び、自国第一主義を主張する勢力が台頭して

2 はしがき

きたこと、また既成のマスメディアを信用せず、SNS を駆使した新たな手法で選挙運動が展開されていることであろう。

　私が大学院を修了して大学に奉職し、本格的に政治学の勉強を始めたのは1970 年代の半ばであった。爾来約 50 年、私が学んできた政治学では説明のつかない政治現象が頻発するようになった。もとより、いくら時代が変わり社会が変化しても、政治現象の本質的部分は変わることはないであろう。しかし日常的にわれわれの周囲で生起する政治現象の中には、従来の理論では説明できないものも多くなったことは否定できない。

　政治学の役割は現実社会で生起する政治現象を、可能な限り客観的、科学的に分析することであるが、残念ながら私 1 人の力では到底その役割を果たすことは難しくなった。そこで 2 人の若手研究者の協力を得て、新たな視点を取り入れた本書を上梓することとした。

　2 人のうち 1 人はヨーロッパ政治を、またもう 1 人はアメリカの地方自治を専攻しているが、共に私のゼミナールで学んだという点で共通の基盤を有している。

　本書を通じて 1 人でも多くの方々が政治に関心を持ち、政治現象の面白さ・恐ろしさを理解してくれたならば、それは著者の望外の喜びである。

　最後になったが、今回も本書の企画段階から校正・索引の作成にいたるまで、煩瑣な仕事を引き受けて下さった北樹出版編集部の古屋幾子さんのお世話になった。大学を定年退職した後は気ままな日常を送っているため、ややもすれば怠惰となり予定した作業時間から遅れがちな私を督励して、出版にまでこぎつけて下さった。記して心からの謝意を表するしだいである。

　　2024 年 11 月

　　　　　　　　　　　　　　　　著者を代表して　杉　本　　　稔

目　次

序　文　政治学を学ぶ意味……………………………………………10

第1章　政治の科学……………………………………………………13

　第1節　政治学の学問的特質…………………………………………13

　　　1　社会科学としての政治学　(13)

　　　2　政治学の学問的特質　(15)

　第2節　科学としての政治学…………………………………………16

　　　1　ウェーバーの社会科学方法論　(17)

　　　2　マルクス主義の政治学　(18)

　　　3　マンハイムの「科学としての政治学」　(19)

　第3節　伝統的政治学と現代政治学…………………………………20

　　　1　伝統的政治学　(20)

　　　2　現代政治学の展開　(21)

第2章　政治現象と権力………………………………………………27

　第1節　権力と政治……………………………………………………27

　　　1　社会生活と政治　(27)

　　　2　政治状況と権力　(28)

　　　3　権力の概念　(30)

　　　4　支配と服従　(33)

　　　5　支配・服従関係の安定化　(39)

　　　6　権力構造の分析　(46)

　第2節　リーダーシップの政治学……………………………………52

　　　1　支配・操作・リーダーシップ　(52)

　　　2　リーダーシップ研究の視角　(53)

　　　3　リーダーシップの機能（リーダーの役割行動）　(56)

4 目　次

　　　4　政治的リーダーシップの諸類型　(59)

第3章　現代政治社会の形成 ……………………………………………62

第1節　市民革命と市民社会〜リベラル・デモクラシーの生成 ………………62

　　　1　市民革命の概要　(63)

　　　2　市民社会の成立とその特質　(70)

　　　3　市民社会とリベラリズム　(71)

　　　4　市民社会の政治　(74)

　　　5　市民社会の変容とリベラル・デモクラシー　(76)

第2節　大衆社会と行政国家の出現 ………………………………………79

　　　1　選挙権の拡大と行政国家　(79)

　　　2　大衆社会の理論　(86)

　　　3　大衆社会の構造　(89)

　　　4　大衆社会の心理　(92)

第4章　民主主義の諸理論 …………………………………………………96

第1節　民主主義の諸理論 …………………………………………………96

　　　1　シュンペーターの民主主義理論　(97)

　　　2　ダールの民主主義理論　(98)

　　　3　レイプハルトの民主主義理論　(102)

第2節　民主主義の後退 ……………………………………………………107

　　　1　権威主義体制の特徴　(108)

　　　2　権威主義体制への過程　(110)

第5章　執政制度と民主主義体制 ………………………………………115

第1節　執政制度の制度的特徴 …………………………………………115

　　　1　執政制度の諸類型　(115)

　　　2　執政制度の特徴　(117)

第2節　議院内閣制と大統領制のヴァリエーション ……………………121

　　　1　議院内閣制のヴァリエーション　(121)

目 次　5

　　　2　大統領制のヴァリエーション　（124）

　第3節　政治の大統領制化 ……………………………………………………126

　　　1　大統領制化とは　（126）

　　　2　大統領制化の特徴　（128）

第6章　議会制デモクラシーと選挙制度 …………………………………131

　第1節　議会制デモクラシーと選挙 …………………………………………131

　第2節　選挙制度の類型学 ……………………………………………………132

　　　1　選挙区制と代表制　（132）

　　　2　多数代表制　（133）

　　　3　少数代表制　（134）

　　　4　比例代表制　（134）

　第3節　現代の議会政治 ………………………………………………………136

　　　1　議会制度の構造　（136）

　　　2　議会の役割　（139）

第7章　政党と政党組織 …………………………………………………………143

　第1節　政党の概念 ……………………………………………………………143

　　　1　バークの古典的定義　（143）

　　　2　シャットシュナイダーの現実主義的定義　（143）

　　　3　ノイマンの包括的定義　（143）

　　　4　政党の概念　（144）

　第2節　政党の機能 ……………………………………………………………144

　　　1　媒介的機能　（144）

　　　2　啓蒙的機能　（146）

　第3節　政党組織の発展 ………………………………………………………146

　　　1　ウェーバーの政党組織論　（146）

　　　2　デュベルジェの政党組織論　（147）

　　　3　政党組織の諸相　（148）

第4節　政党システムの諸類型 ……………………………………… 150

1　サルトーリの政党システム論　(150)

2　政党システムの規定要因　(154)

第8章　政治過程と参加デモクラシー …………………………… 158

第1節　政治過程の概念と政治文化 ……………………………… 158

第2節　選挙と投票行動 …………………………………………… 161

1　選挙の機能　(161)

2　投票行動の研究　(163)

第3節　圧力政治の展開と参加デモクラシー …………………… 168

1　大衆デモクラシーと圧力団体の台頭　(168)

2　圧力団体の概念と機能　(170)

3　圧力団体の諸類型　(172)

4　圧力団体の活動とその評価　(173)

5　ロビイストと連邦ロビイング規制法　(175)

6　ネオ・コーポラティズム　(176)

第4節　メディアと政治 …………………………………………… 178

1　マス・メディアへの評価　(178)

2　SNS 時代のメディアと政治　(182)

第9章　地方自治とデモクラシー ………………………………… 186

第1節　地方自治の基本原則 ……………………………………… 186

第2節　日本の地方自治制度の特徴 ……………………………… 188

1　地方自治制度の類型　(188)

2　日本の地方自治　(189)

第3節　地方分権改革 ……………………………………………… 189

1　第1次地方分権改革　(189)

2　第1次地方分権改革の課題とその後の改革　(192)

第4節　日本の住民参加……………………………………………………193

　　　1　住民自治の展開　（193）

　　　2　住民投票とデモクラシー　（196）

第5節　地方自治と政治……………………………………………………197

　　主要引用・参考文献一覧　（199）

　　索引　（208）

担当一覧

杉本　　稔	序、第1・2・3章、第6章1・2節、第7章1・2節、第8章1・2・3節	
三澤　真明	第4・5章、第6章3節、第7章3・4節、第8章4節	
鈴木　隆志	第9章	

現代政治学入門

序　文　　政治学を学ぶ意味

日本政治学会の議論

　第二次世界大戦が終結して間もない 1948 年 11 月、わが国の政治学研究者の組織である日本政治学会が創立された。創立時の会員数は詳らかにしないが、1950 年には 180 名と報告されている（『日本政治學會年報「政治學」1950』）。ところが学会ホームページによると 2024 年現在の会員数は 1800 名と記されているので、70 年余の間に創立当初のほぼ 10 倍にまで拡大したことになる。

　日本政治学会は政治学関連の諸学会の中でも最も伝統があり、かつ政治学のさまざまな領域の研究者が所属する、政治学の代表的学会である。

　この政治学会ではこれまでに何回か繰り返し、政治学の果たすべき役割あるいは政治学教育の在り方に関する議論が展開されてきた。

　1998 年に日本政治学会は創立 50 周年を迎え、「創立 50 周年記念シンポジウム」が開催された。テーマは「誰のための政治学か？〜政治学教育の意義と方法」であった。さらに 20 世紀末、2000 年の日本政治学会総会・研究会では「政治学の意義と課題〜政治学は、人の役に立ってきたのか？」が、また 21 世紀に入り 2021 年の総会・研究会では「政治学の役割とは何か」が議論された。

　創立以来 75 年を経過した学会において、政治学教育の在り方に関する議論が繰り返し行われてきた理由は、本書第 1 章で述べる「政治学の学問的特質」とも深く関わっているが、各々の政治学研究者が構想する政治学の内容の多様性に起因するとも考えられる。

究極の実学──法律学の場合

　社会科学の中でも政治学と比較的類似した分野を扱う法律学は「究極の実学」と称されている。法律を専門とする職業（裁判官・検察官・弁護士）に就こうとするなら、司法試験に合格して法律専門家としての資格を取得しなければ

ならない。司法試験に合格するためには大学もしくは大学院法務研究科で法律を学ぶ必要がある。大学もしくは大学院法務研究科で学ぶ学問は、文字通り卒業（修了）後に就く職業に直結しているのである。こうした意味で法律学は「究極の実学」と言っても過言ではない。

もちろん法学部で学ぶ学生の中で司法試験に挑戦して法律専門家を目指す学生は、むしろ少数派である。法律専門家を目指していない学生が法律学を学ぶ意味は、リーガルマインドの涵養と説明される。リーガルマインドとは法的思考様式と解することができる。

パンのための学問？

それでは政治学を学ぶ意味は何処にあるだろうか。こうした問いに答えることは政治学を講ずる者の責任でもある。

法律学とは異なり、政治学は特定の職業に直結した学問ではない。換言すれば、政治学は「パンのための学問」（Brotwissenschaft）ではないのである。

政治学は特定の職業と結びついた学問ではない。しかし政治学はいかなる職業に就いている人であろうと、民主主義社会を構成している市民として、学ぶ必要がある学問である。

本書第2章第1節で詳述するように、人間は常に何らかの集団に所属しており、集団から完全に離れて生きていくことはできない。その集団とは家族、仲間集団、学校、職場、地域社会、国家などである。そして政治とは、その集団において生起する現象なのである。したがって人間と政治は不可分の関係にあると言えるだろう。

Citizenship 教育

イギリスでは2002年に中等教育の正規のカリキュラムに Citizenship Education が導入されて注目を集めた。当時イギリスでは若年層に政治的無関心が広がり、投票率も低下したことを危惧したためと言われている。

Citizen とは本書第3章で示されるように、絶対王政を打倒した市民革命を経て市民社会を形成した「市民」を意味している。

この「市民」に近い意味を持つ用語は「公民」である。この「公民」は国ま

たは地方公共団体の意思形成に参与する権利を有した人びと、と説明される。因みに、「市民」も「公民」も英語では共に Citizen である。

　ここでは上記のような意味で市民という語を使用していくことにする。

　Citizenship とは、通例は市民権・公民権などと訳されるが、市民として果たすべき役割、義務、さらには市民としての自覚・意識までも包含する概念である。

　高等学校の公民科でも「政治・経済」として公民（市民）教育は行われている。しかし「法律に定める学校は、特定の政党を支持し、又はこれに反対するための政治教育その他政治的活動をしてはならない」という教育基本法 14 条 2 項の規定は、高等学校における公民（市民）教育の一定の限界を示すものである。

政治学を学ぶ意味

　政治学は高等学校までの公民（市民）教育を踏まえ、民主主義国家の主権者である「市民」を育成する学問なのである。

　政治とは、場合によっては人間の貴重な価値である財産を合法的に奪うこともできるし、さらに人間の究極的価値である生命すらも合法的に奪うことができる。だからこそ、民主主義社会の構成員である「市民」は不断に政治を監視し、より良い政治社会を維持・発展させる努力を怠ってはならない。

　政治学はそうした「市民」を啓発し、「市民」として当然に備えるべき資質を育成する学問なのである。

第1章　政治の科学

第1節　政治学の学問的特質

　政治学とは何か、という命題は政治学の出発点でありかつその到達点でもある。しかしここではこうした命題にあまり深入りせず、政治学とは広く政治現象を研究対象とする学問である、と述べるにとどめておこう。このように政治現象を研究対象とした著作について考えてみると、例えば古代ギリシアのプラトン（Plato）が紀元前4世紀後半に『国家論』を著し、そのプラトンの弟子であるアリストテレス（Aristotle）が『政治学』を書いたことからも分かるように、政治学は既に2000年以上の長い歴史を持った学問であると言える。

　ところが、このように政治学は古い起源を有するにもかかわらず、ごく最近に至るまで政治学は果たして「科学」として成り立ち得るか否かが議論されてきた。かかる意味で、政治学は古い歴史を持つにもかかわらず、比較的新しい学問であるとも言えるのである。それではなぜ、政治学は「科学」として成り立つことに疑問が持たれてきたのであろうか。以下においては、この問題を検討することによって、間接的に政治学の学問的特質を探ることにしよう。

1　社会科学としての政治学

　「科学」という言葉は日常的にもさまざまに用いられているが、『広辞苑』によれば、「世界の一部分を対象領域とする経験的に論証できる系統的な合理的認識」と説明されている。ここで重要なのは「対象領域」が明確であること、「経験的論証」が可能であること、さらに「系統的合理的認識」であることである。また、「合理的認識」とは、ある事実が発生する原因を合理的に説明し

14 第1章 政治の科学

得るものでなければならないことを指している。この原因と結果との間に存在する法則性を発見することこそが、重要な意味を持つのである。これらの点を考慮に入れて、「科学」を次のように定義しなおすことができる。すなわち、科学とは、認識対象の合理的・客観的分析と、その分析に基づく普遍的法則性の発見である。

　ところで、科学はその認識対象に応じて自然科学と社会科学に分けることができる。自然科学の認識対象はいうまでもなく自然現象である。この自然現象は自然現象を観察する人間（認識主体）の特性とは無関係に存在している。草花の種子を播き水をやって肥料を施せば、やがて芽を出して花を咲かせる。この花を美しいと感ずる人もいれば、まったく無感動にその花を摘み採る人もいるだろう。しかし、それがいかなる人であろうとその人の特性とは無関係に、一定の原因があれば一定の結果が生じるのである。こうした特徴を持つ自然現象は客観的・合理的認識が可能であり、したがって普遍的法則性を導き出すことも可能なのである。先の『広辞苑』にも、「科学」の説明として「自然科学と同義」という項がある。人が「科学的」あるいは「科学者」という言葉を用いる時、自然科学を念頭においている場合が多いのである。

　これに対して、社会科学の認識対象は社会現象である。この社会現象は人間によって担われており、認識主体である人間は同時に社会現象の当事者でもある場合も多い。たとえ認識主体が認識対象である社会現象に直接関わっていない場合であっても、認識主体の特性により、社会現象の把握の仕方に相違が生じる可能性がある。ある選挙において投票率が70％であったとすると、この70％という数字をどのように認識するかは認識主体の特性に深く関わっているのである。国民主権という建前から投票率は限りなく100％に近づくべきであると考えるならば、70％は低すぎると判断するであろうし、その原因は国民の間に蔓延している政治的無関心の表れであるとか、あるいは特定の政党にとって都合の悪い争点を国民の目から隠した結果であるとみなすかもしれない。逆にあまりに高い投票率は投票行為に何らかの強制力が働いた結果であると考えるならば、70％という数字は妥当なものであると評価されるであろう。

すなわち、70％ という数字自体は価値中立的なものであるにもかかわらず、その数字の持つ意味は人によって千差万別なのである。したがって、同一の現象であってもそれを認識する主体のおかれた立場、ものの考え方などによって、まったく異なる現象と映る可能性があるのである。このような特徴を持つ社会現象は客観的・合理的認識が自然現象と比べて困難であり、普遍的法則性の発見にも困難がつきまとうのである。

　政治学が分析対象とする政治現象も社会現象の一部であり、当然、政治学は社会科学の一分野である。したがって、社会科学が内包している困難性は政治学にも妥当するのである。

2　政治学の学問的特質

　社会科学一般に共通する困難性については上に述べたが、社会科学の中でもとりわけ政治学には固有の困難性があると思われる。それは次のような政治学の特性から生じるのである。

政治学の分析対象

　政治学の分析対象は政治現象である。この政治現象は次章で述べるように決して国家においてのみ発現するものではなく、広く集団にみられる現象ではあるが、国家の権力作用をその重要な一部分としていることは否定できない。したがって、この国家の権力作用を客観的、批判的に分析できる自由が許容されていない社会では、政治学の発展は困難である。例えば、政治学の歴史の中で重要な著作が発表された時代を考えてみよう。先に述べたプラトンやアリストテレスが活躍した時代は古代ギリシアであった。この古代ギリシアにおいてはアテネを中心に古典的民主政治が展開されていた。もとよりプラトンやアリストテレスの時代はアテネの民主政治の全盛を過ぎていたし、古代ギリシアの古典的民主政治は奴隷制度を基礎としており近代民主主義とは様相を異にしてはいたものの、プラトンやアリストテレスの著作は古典的民主政治を抜きにして考えることはできない。

16 第1章 政治の科学

　また近代政治学の祖とも言われるマキアヴェリ（Machiavelli, N.）の『君主論』（*Il Principe*, 1513）は、神の絶対的権威が支配していた中世的秩序が崩壊し始め、人間性の再発見が謳われたルネッサンス期のイタリアで執筆されたものであり、ホッブズ（Hobbes, T.）の『リヴァイアサン』（*Leviathan*, 1651）やロック（Locke, J.）の『統治二論』（*Two Treatises of Government*, 1690）は革命の嵐が吹き荒れたイギリスの動乱期に出版された。さらにルソー（Rousseaeu, J. J.）の有名な『社会契約論』（*Du Contrat Social*, 1762）は長く続いたフランス絶対王政に動揺が生じ始めた革命前夜に発表されたものである。

　以上のように、政治学の重要な発展がみられたのは、国家権力の絶対性に懐疑が生じた時期、もしくは政治的自由が許容された時期であったのである。このような自由が社会に定着したのは、人類の歴史の中ではごく最近のことであるが、そうした事情が政治学の発展を阻害してきたのである。

政治現象と非合理的要素

　後に詳述するように政治現象は権力と不可分の関係にあるが、この権力は人間の本能の1つである権力欲に根ざしている。政治現象は人間の非合理的感情とも言える権力欲と密接な関連性を有するため、合理的判断を超えて非合理的に展開される場合も多い。しかも、そうした政治現象を分析する主体である人間もまた、この非合理的感情の囚われ人なのである。このため、政治現象を客観的・合理的に分析することには一層の困難がつきまとうのである。

イデオロギー

　政治現象の分析主体である人間は、常に何らかの価値観を有している。政治的現象はとりわけこの価値観との結びつきが強いため、自己の価値観を抑制した客観的判断を曇らせる可能性が秘められているのである。

第2節　科学としての政治学

　以上のように、政治学にはその学問的発展を阻害するさまざまな要素が包含されているが、それらはまた政治学の学問的特性でもある。そこで次にこうし

た政治学の学問的特性を踏まえ、科学としての政治学の確立に至る努力の跡を
たどってみたい。まず、狭義の政治学者ではないが、社会科学という幅広い見
地から政治学の科学化を検討した3人の学者の見解を検討する。

1　ウェーバーの社会科学方法論

　ウェーバー（Weber, M.）が『職業としての学問』（*Wissenschaft als Beruf*,
1919）において何よりも強調したのは「価値自由」（Wertfreiheit）ということ
であった。「価値自由」とは実践的価値判断を排除することであるが、そのた
めには「かくあるべきもの」〈当為〉（Sollen）と「現にあるもの」〈存在〉（Sein）
を厳格に区別する必要がある。〈当為〉は各人の世界観、価値観に関わるもの
であり、その正誤あるいは妥当性を判断する客観的基準は存在しないのであ
る。したがって、科学は実践的な価値判断を一切排除して、〈存在〉の解明に
専念しなければならない。学問に従事する者すなわち教師（Lehrer）は自己の
主観的な評価や世界観を学生に強いてはならないのであり、これと対照的に政
治的指導者（Führer）は自己の世界観の実現こそを使命としているのである。
　政治学が研究対象とすべきは現実の生の政治現象である。政治学研究者は当
然のこととして他の人以上に自分を取り巻く政治現象に関心を持たなければな
らないが、決して実践的価値判断に踏み込んではならない。ここに「禁欲の精
神」（丸山真男、1964）の重要性がある。「禁欲」は無欲とは異なり欲望の存在
を前提としている。しかし政治学研究者はこの欲望に敗れて科学的認識の目を
曇らせてはならないのである。
　ところで、こうした「価値自由」を可能とするためにも必要とされるのが、
「理念型」（Idealtypus）である。現実社会の中で起きる事象はたとえ同一の名
称で呼ばれていても実際にはさまざまな相違がある。しかしそうした相違を超
えて共通点も存在するはずである。この共通点を抽象化し、概念化したものが
「理念型」である。もとより「理念型」はそのまま現実社会に存在するわけで
はない。後述する有名なウェーバーの支配の3類型もこうした「理念型」の一

18 第1章 政治の科学

種であり、現実社会の中で起きる具体的事象は、「理念型」と比較することによって、客観的にその特質を認識することが可能とされるのである。

　こうしたウェーバーの社会科学方法論は後年、アメリカにおける政治学の科学化運動に多大の影響を与えることになる。

2　マルクス主義の政治学

　マルクス（Marx, K.）によれば、歴史的発展の推進力は物質的生産力の発展である（史的唯物論）。この物質的生産力の発展段階に応じて、それぞれ一定の生産関係（＝生産・交換・分配における客観的な社会関係）が形成されるが、そうした一定の生産関係の下で生産力を発揮させている生産様式が、すべての人間社会の土台をなす下部構造なのである。法的・政治的・道徳的・宗教的な諸制度や思想・意識は、すべてこの下部構造によって規定されている上部構造である。

　ところで、生産関係は生産力の一定の発展水準に応じて形成されるが、一度形成されると固定的となる傾向がある。しかし生産力はさらに発展を続けるため、生産関係と生産力との間に矛盾が生じるようになる。この矛盾が限界点に達した時に、生産力の新たな発展段階に応じた新たな生産関係が形成されるのである。これが歴史の発展であり、世界の歴史は原始共産社会→奴隷制社会→封建社会→資本主義社会→社会主義社会→共産主義社会へと発展していくのである。

　以上のような基本的認識に基づいて、政治とは社会の階級分裂に伴って発生し、したがって社会が敵対的階級に分裂することをやめる時に消滅していく歴史的・階級的現象として把握される（田口、1971）。また国家とは社会の階級分裂の結果として生じたものであると理解される。すなわち、古代国家は奴隷抑圧のための奴隷所有者の国家であり、封建国家は農奴および隷属的農民を抑圧するための貴族の国家であり、そして近代国家は資本による賃金労働の搾取のための道具なのである。そして政治学の科学性は、客観的合理性を持つ経済過

程と、それによって直接的に規定される客観的な階級関係ないし階級構造を出発点として、絶えずそこに引照されることによって初めて保障されるとみなされている。

このようなマルクス主義の方法論は、先に示したウェーバーの方法論とは明らかに対立するものである。マルクス主義からみれば、思想や意識は常に下部構造によって規定されており、ウェーバーのいう「価値自由」などというものはあり得ないのである。

3 マンハイムの「科学としての政治学」

マンハイム（Mannheim, K.）によれば、プロレタリアートもブルジョアジーもさらにはファシストも、それぞれのおかれている階級利害に拘束された知識を持つにすぎない。これを知識の「存在被拘束性」というが、こうした存在被拘束性を認識することなく、自己の主張を普遍化し、正当化するところに混乱が生じるのである。

それでは、政治学が客観的認識を基礎とする科学として成立することはいかにして可能であるのか。こうした問いに対してマンハイムは次のように述べる。「相互に対立しあう見方や理論は、数の上からいっても無限ではなく、したがって恣意的なものではなく、むしろ相互に補いあうものだ、ということを、われわれは今日ますます明確に認識することができる。この理由によってこそ、科学としての政治学は、初めて本当に可能になる」（Mannheim, 1929）。すなわち、政治学的知識は常に一定の党派的性格や部分的性格を有しているが、これを単に党派的立場からみるのではなく、これを拘束する存在状況との関連において追求し、視野を広げて全体的に展望することによって、総合的把握が可能となり、科学としての政治学も可能となるのである。このような見方を相関主義と言うが、ではこの総合的把握が可能であるのはいかなる階層の人間なのであろうか。それは社会秩序の上でしっかりした位置を占めていない、相対的に無階級な階層、すなわち「社会的に自由に浮動するインテリゲンチ

20 第1章 政治の科学

ャ」であるとされるのである。

第3節　伝統的政治学と現代政治学

1　伝統的政治学

　先に述べたように、政治学には長い歴史があるが、この長い歴史と伝統の中で育まれてきた政治学は政治現象へのアプローチの相違により、次の3種に分類することができる。

哲学的アプローチ

　これはプラトンの『国家論』に典型的にみられるように、理想的な国家とはいかなる国家であろうか、といった哲学的命題を考察するものであり、ウェーバーの方法論で排除された〈当為〉（Sollen）の研究である。こうしたアプローチの場合、命題の設定から立論の方法に至るまで、研究者の価値観、世界観によって規定されている。したがって第三者がこれを客観的に検証する術はないと言える。しかしながら、自然権思想が市民革命の時代に大きな影響を及ぼしたように、哲学的思索の成果が人間の自由や平等、あるいは正義といった普遍的価値を実現する過程で果たした顕著な貢献を忘れてはならない。

歴史的アプローチ

　政治の世界では自然科学の場合のような実験など許されるはずもない。しかし歴史的事実の中には過去の政治的営みの実例が豊富に示されている。確かに重大な政治的岐路に直面した時、過去の実例が貴重な示唆を与えてくれることは否定できないであろう。こうした過去の政治的営みの実例を研究することこそが政治研究の基本である、とみなすのが歴史的アプローチである。歴史的アプローチの有効性は現在においても是認されるものの、過去の事例の研究のみで、現実に展開されている政治現象が解明されるわけではない。

法学的（制度論的）アプローチ

　憲法を頂点とした法律的裏付けを持った政治制度は、政治現象が展開される

枠組みである。したがって政治を研究するにはこの政治制度を研究しなければ
ならない。確かに政治が安定し、政治が制度の枠組みの中でのみ展開されてい
る間は政治制度の研究にも意義があったと言えよう。しかし、一度でき上がっ
た制度は固定的となる傾向があるが、現実の政治は動態的であり、必ずしも制
度の枠組みの中に収まりきれるものではない。したがって生きた政治の現実を
研究するには、政治制度の研究のみでは不十分となるのである。もとより、政
治的混乱を経て新たな安定的秩序を模索する時、政治制度研究の重要性が認識
されていなければならないことは言うまでもない。

2 現代政治学の展開

ベントレーの『政治過程論』

アメリカのベントレー（Bentley, A.F.）は 1908 年に『政治過程論』（*The Process of Government*）を著し、従来の伝統的政治学を痛烈に批判した。彼によれ
ば、これまでの政治学は「政治制度の最も外面的な特徴についての形式的研
究」であり、「死んだ学問」にすぎない。現実の政治現象は政治制度の枠組み
の中でのみ展開されるのではなく、より広範に、より動態的に展開されている
のである。政治の研究はこうした「生の資料」を手掛かりにして、これを自然
科学的手法にならって厳密に観察し、測定しなければならないのである。

ベントレーの所説は従来の政治学に対する手厳しい批判のためもあり、当時
の政治学界ではあまり高く評価されることはなかった。しかし 20 世紀の後半
に至り、アメリカのトルーマン（Truman, D.）によって注目され、今日では政
治過程研究の嚆矢としての地位を占めているのである。

ウォラスの『政治における人間性』

伝統的政治学は哲学や歴史学、法学との結びつきを強く志向していたのに対
し、ベントレーのアプローチは社会学への接近を示していた。奇しくもベント
レーが『政治過程論』を発表したのと同じ 1908 年に、イギリスのウォラス
（Wallas, G.）は『政治における人間性』（*Human Nature in Politics*）を著し、政

22 第1章 政治の科学

治の心理学的研究の必要性を主張したのである。ウォラスは、人間の政治的行動や意識は必ずしも理性的なものであるとは限らないから、人間の政治的行動や意識を理解するためには、人間の心の内面にまで立ち入って研究する必要があると主張したのである。

　ベントレーとウォラスの著書が世に出たこの 1908 年という年は、政治現象の科学的、客観的研究の出発点でもあり、政治学の歴史の上で極めて画期的な年であった。

シカゴ学派

　政治学を科学として確立する努力は、1911 年にアメリカのシカゴ大学教授に就任したメリアム（Merriam, C. E.）とその弟子たちのグループの下で精力的に推し進められた。このメリアムを中心としたグループをシカゴ学派と呼んでいる。メリアムは 1921 年のアメリカ政治学会における「政治学研究の現状」（The Present State of the Study of Politics）と題する報告の中で、政治学の科学化の必要性を説き、社会観察における統計学の手法や心理学の分析技法の応用、さらに地理学、人類学、生物学、社会学、社会心理学との提携を主張した。このような多面的かつ大規模な研究のためには、当然のこととして研究スタッフの組織化および研究資金の調達が不可欠であるが、彼は 1923 年に社会科学研究評議会（Social Science Research Council）の設立に尽力し、その初代会長に就任したのである。彼の指導の下で育っていった研究者の中には、有名なラズウェル（Lasswell, H.）、選挙分析や棄権の研究で知られるゴズネル（Gosnell H.）、先に記した政治過程研究のトルーマンやキー（Key, V. O. Jr.）、行政学のサイモン（Simon H.）やホワイト（White L.）、国際政治学のシューマン（Schuman F.）、さらには比較政治学のアーモンド（Almond, G. A.）などがおり、文字通りアメリカ政治学界の主流を形成していったのである。

行動論政治学

　第二次世界大戦後のアメリカにおいて、政治研究の注目すべき革新が進められた。それは「行動論革命」とすら称される政治学の科学化を目指す運動であった。既に心理学の分野では 20 世紀初頭にワトソン（Watson J.）によって「行

動主義」（Behaviorism）が提唱されていたが、社会科学の近代化を追及する人びとは、「人間行動に関する広範な諸面において、一般的法則性を発見する」行動科学（Behavioral Science）を開拓していった。彼らはワトソン等の行動主義との相違を明確にするため「行動論」（Behavioralism）という語を用いていた。

　政治学においても、既にメリアムは1925年のアメリカ政治学会の会長演説において、政治行動が政治学研究の不可避の対象となることを指摘していたが、政治現象を分析する際の基本的分析単位を個人の行動に求める行動論政治学が開花したのは1950年以降のことであった。いかなる政治現象といえども、その政治現象を担っているのは究極的には個々の人間であり、この人間の「行動」に着目することによって政治現象を分析しようとするのである。ここでいう「行動」にはその行動を起こすに至った意識・態度が含まれるが、人間の行動は可視的であり、観察データの統計学的処理・客観的検証が可能である。すなわち、先に示したウェーバーの実践的価値判断を排除して〈存在〉の分析に専念する「価値自由」が可能なのである。政治行動研究の初期の段階では、政治的パーソナリティやエリートの分析、政治的態度・世論の研究、投票行動の分析に力が注がれていたが、中でも投票行動の研究は行動論政治学が最も得意とする分野であった。しかしその後、立法行動や司法の分野にまで研究領域は拡大され、アメリカのみならず世界の政治学界において政治研究の技法の「革命」がもたらされたのである。

政治システム論

　イーストン（Easton, D.）は、「政治学の新しい動向の行動論的側面は、方法のみにかかわるものではない。それは、人間行動の政治的側面を理解するための、安定した単位の理論的探求が始まったことを反映している」と述べたが（Easton, 1965）、その「理論的探求」の成果が政治システム論であった。システムとは「相互に関連しあった諸要素によって構成された統一体」をいうが、理論生物学者であったフォン・ベルタランフィ（von Bertalanffy L.）により提唱された一般システム理論が社会学者のパーソンズ（Parsons T.）によって社

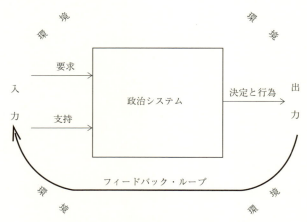

図 1-1 イーストンの政治システム・モデル

会科学に導入され、社会システム論が開発された。政治システムはこの社会システムの下位システムとして位置づけられる。イーストンによれば、「政治的相互作用を他の社会的相互作用から区別するものは、政治的相互作用が社会に対する諸価値の権威的配分を強く志向していることである」(Easton, 1965)。したがって、この権威的配分を決定し、実行するプロセスを1つのシステムとして把握することが政治研究にとって重要となるのである。イーストンは政治システムを上のように図示した。

政治システムには環境からさまざまな要求が入力され、それは政治システム内で権威的決定によって政策に変換され、環境に出力される。この政策に対し環境からは支持が与えられたり、あるいは新たな要求が生まれるが、それはフィードバック・ループを通じて再び政治システムに入力されるのである。政治システムを維持していくためには、このフィードバックの機能こそが重要な意味を持つことになる。

以上のように政治システム論はイーストンによって提唱され、その後アーモンドが構造・機能分析を適用してこれを精緻化し、さらにドイッチュ (Deutsch K.) はサイバネティックスの理論を用いて独自のモデルを提示した。いずれにせよ、人間の政治行動の客観的分析を政治のミクロ分析と規定すれば、政治シ

ステム論は政治のマクロ分析であると言うことができよう。

脱行動論革命

1969 年、アメリカ政治学会の会長に就任したイーストンは「政治学における新しい革命」と題する会長演説において、次のように行動論政治学を批判した（Easton, 1969）。

① 実質は技術よりも優先されるべきであり、政治研究の技法の精緻化よりも現代の緊急な社会問題の解決に有意であることのほうが優先されなければならない。

② 行動論政治学には経験的保守主義のイデオロギーが内在している。

③ 行動論は抽象化と分析においては優れているが、現実の政治問題との接点を失い、結果的に現代社会の直面している危急の問題を隠蔽している。

④ 科学は価値中立的ではあり得ず、価値の問題は政治研究の不可欠の部分である。

⑤ 研究者は文明の持つ人間的な諸価値を守る歴史的責任を負っている。

⑥ 知るということは行動する責任を持つことであり、知識人はその知識を生かす特殊な任務を有している。

⑦ 知識人が自らの知識を生かす任務を有しているならば、その知識人によって構成される学会や大学はその時代の抗争とは無縁の存在ではあり得ない。

イーストンは行動論政治学の主唱者の 1 人でもあり、したがってこのイーストンの発言は、行動論政治学の自己批判といってよいだろう。このような自己批判の背景には、行動論政治学に対する根強い批判と共に、1960 年代後半のアメリカ政治の状況があった。1964 年のトンキン湾事件を契機として本格介入したヴェトナム戦争の泥沼化、またこれと連動した公民権運動・学生運動の高揚など、60 年代後半のアメリカは多くの深刻な政治問題を抱えており、アメリカ社会の荒廃、アメリカ政治の倫理性喪失が問題とされていた。しかし「科学としての政治学」を追求し、価値判断を排除して事実の分析に専念する行動論政治学は、こうしたアメリカ政治の現実に対して何をなし得たのであろ

うか。価値の問題を排除した政治学はこれらの問題を解決し、さらにより良い政治社会を創出するという切実な要請に対してはまったく無力だったのである。しかしながら、こうした切実な要請に応えていくためには当然、価値の問題を避けて通ることはできない。こうして、再び〈存在〉の分析に限定されずに〈当為〉を研究対象とする「政治哲学の復権」が叫ばれるようになったのである。

　ところで、「政治哲学の復権」は決して行動論政治学の成果を全面的に否定して伝統的政治学を完全復活させるものではあり得ない。行動論政治学の全盛期にはあまりにも閑却されてきた価値の問題を、正当に政治学の中に位置付ける必要性を確認したに過ぎないのである。

第2章 政治現象と権力

第1節 権力と政治

1 社会生活と政治

ヒトと人間

ヒト（homo sapiens）がこの世に生を享けた時には霊長目ヒト科に属する一哺乳類に過ぎない。このヒトが「人間」として成長していくためには不断に他の人間との交流が必要とされる。もし生まれおちたばかりのヒトが人間以外の生物の間で養育され成長したとすれば、生物学的にはヒト科に属するにしても、およそ人間とは程遠い生物に育っていくであろう。また人間として成長した者であろうと、真に人間としての生活を送っていくためには、常に他の人間との交流を必要とするのである。いかに強靱な肉体と精神を持っている者といえども、他の人間から完全に隔絶された状況では、人間として生きていくことは不可能であろう。アリストテレスの指摘を待つまでもなく、人間は「社会的動物」なのである。

集団と政治

人間が他の人間と交渉を持ち交流が行われると、そこに集団が形成される。一般的には人間が最初に所属する集団は家族であり、成長するにつれてそれは遊びを通じて形成される仲間集団、学校、職場、さらには趣味や利害関係を共にする諸種の集団へと拡大され、多元的にさまざまな集団との関わりを持つようになる。政治とはこれらの集団において発生する現象なのであり、集団としての意思決定プロセスの中に政治現象の原初的姿をみることができる。ではこれらの集団において発生する政治現象とはいかなる現象なのであろうか。

28 第2章　政治現象と権力

2　政治状況と権力

　政治現象が発現する第1の段階は紛争（conflict）の発生である。紛争とは社会的価値の獲得・維持・増大をめぐる争いであり、社会的価値とは人間の欲望の対象となり、かつすべての人間の欲望を充たすほどには十分に存在しない希少性を有するものを指している。社会的価値の種類や序列は社会により、また時代によってさまざまに異なる。例えば、肉体的優劣が生き延びていく上で致命的な重要性を持つ社会では、腕力や脚力が何ものにも代えがたい価値とみなされるであろうし、社会的身分が絶対的な重みを持つ社会では血筋や家柄こそが価値と考えられよう。生命は人間にとって根源的で普遍的な価値ではあるが、生命よりも人間としての名誉や名声を価値として重んじる場合もあり得る。また財貨は時代や社会を問わず人間の欲望の対象となってきたが、価値としての序列は、自給自足的経済の時代と現代の資本主義経済の時代とでは大きな相違があるように、時代や社会によって大きく変動してきた。さらに現代では知識や情報などが社会的価値として高い評価を受けるようになってきたのである。

　人間の欲望は無限に拡大する可能性があるのに対して社会的価値には希少性があるために、これらの社会的価値の獲得・維持・増大をめぐって紛争が発生するのである。紛争が発生した場合には何らかの解決（solution）、すなわち価値配分に係る集団の意思決定が図られなければならないが、それが紛争当事者間の理性的話し合いによって図られるならばさしたる問題は生じない。こうした状況を丸山真男の『政治の世界』にならって《C（conflict）―S（solution）》の段階として規定しておくことにしよう。紛争の解決とは、紛争の対象となった価値の配分に関して紛争当事者のみならず、当事者の所属する集団において合意が形成されたことを意味している。

　ところが、こうした紛争が激化して一定程度以上の危機的状況に至ると、当事者間の理性的話し合いでは解決できずに、何らかの力（power）を媒介として解決せざるを得なくなる。これを《C―P（power）―S》の段階と規定する。

「力」とは究極的には物理的暴力に結びつくが、決してそれに限定されるものではない（この点については後述の項を参照のこと）。紛争がこの第2の段階に入った時に、その紛争は「政治化」したと言える。すなわち政治的紛争とは何らかの制裁力の行使もしくはその威嚇によって初めて解決される紛争である。したがって経済的価値をめぐる紛争であろうと、また宗教上の正統性をめぐる紛争であろうと、いかなる価値をめぐる紛争であってもその紛争の解決手段によっては政治的紛争に転化する可能性があるのであり、紛争の対象となった価値の種類によって「政治的」紛争と規定されるわけではない。イーストンは、政治とは「社会に対する諸価値の権威的配分」であると述べたが、ここでいう「権威的配分」とは拘束力をもつ配分のことを指しており、配分の結果は社会全体を拘束する意志として確定される。したがってもし配分の結果に不満があったとしても、それに従わずに実力行使をもって抗議行動を起こせば、何らかの不利益処分すなわち制裁を受ける可能性がある。

　ところで、権力（power）は紛争を解決する手段ではあるが、同時に権力は社会的価値の1つでもある。したがって権力という社会的価値をめぐって紛争が発生する可能性もあるのである。権力をめぐる紛争が発生してそれが紛争解決手段としての権力を媒介として解決されると、その結果新たな権力が出現する。この場合、新たに出現した権力は、紛争の原因となった権力や紛争解決手段としての権力よりも肥大化する傾向がある。元来、権力とは絶対的・固定的な存在ではありえず、常に他の権力との関係で相対的である。したがって現在の権力を保持するためには、常により大きな権力を必要とするが、このような権力の自己増殖的傾向を権力のダイナミズムと言う。こうした権力の獲得・維持・増大をめぐる紛争の中に、最も典型的な政治現象をみることができるのである。

　かつてラッセル（Russell, B.）は政治学において権力の占めるべき地位は、物理学におけるエネルギーの占める地位に等しいと述べたが、まさしく権力は政治現象と不可分の関係にあり、かつその核心をなしているのである。

30 第2章 政治現象と権力

3 権力の概念

　これまでは権力という語を明確に定義することなく用いてきたが、次にこの権力の概念を検討することにしよう。権力を概念付けるに際し、従来、実体概念と関係概念（機能概念）の2つが提起されてきた。

実体的権力概念

　実体概念としての権力とは、権力を1つの実体として理解するものである。「権力を握る」とか「権力を失う」あるいは「権力の座に就く」という表現はわれわれの日常生活の中でもしばしば用いられるが、この場合には権力という実体が存在していることを前提としている。しかし、権力を実体として理解した場合、権力を保持する者がそれ以外の者よりも優越している状況を示すことはできるにせよ、それ以上踏み込んで権力者と非権力者との関係を捉えることはできないし、また何よりも権力と権力資源とを混同する可能性がある。例えば、「権力の座に就く」と言った時には、通例、大統領とか首相という政治的地位に就くことを指している。だが、大統領や首相の地位は果たして権力そのものなのであろうか。あるいは物理的暴力装置である軍隊や警察の指揮・命令権を掌握したとしても、暴力装置そのものが権力なのであろうか。むしろそれらは権力の源泉たる権力資源として理解されるべきであり、権力そのものとは区別されるべきであろう。もちろん権力には強制力という契機は不可欠であり、実体概念がこの点を重視したことは看過すべきではない。

関係的権力概念

　これに対し関係概念としての権力とは、支配者と被支配者（服従者）の相互的関係として権力を理解する。この場合、服従する人間がいなければ支配者は存在し得ず、したがって権力関係も成立しない。このため、関係概念として権力を理解すると服従の契機を過大評価して、強制という契機を過小評価する可能性がある。しかしながら、支配者は服従する人間の出現を座して待つわけではなく、強制力を行使してでも、あるいは強制力行使の威嚇によってでも服従を引き出すのであり、この点を軽視すると権力の本質を見逃す恐れもある。

第1節　権力と政治　*31*

以上のように、いずれの概念を採用するにしても、必ずしもそれだけで十分というわけではないが、今日では関係概念を中心として権力を分析するのが一般的であるといえる。

ラズウェルの権力概念

ラズウェルは、「ある行為の型に違反すれば、その結果、重大な価値剥奪が期待されるような関係」として権力を定義づけた（Lasswell, 1948）。例えば A という人物が B という人間に対して「ある行為の型」を提示したと想定しよう。行為の型を提示するとは、すなわちある行為を命令したことを意味するが、B がこの命令に従わなかった場合には B の保有する価値が A によって剥奪される可能性がある。もし B がこの価値剥奪を免れようと欲するならば、B は A の命令に従わざるを得ない。このような状況にある場合、A と B の間には権力関係が存在しているのである。もちろん A が支配者であり、B は服従者である。

またラズウェルは別の著書では若干視点を変えた定義を示している。「権力とは決定過程における参加である。もし G が H の K 政策に影響を及ぼす決定過程に参加しているならば、G は K という価値に関して H に権力を有する」（Lasswell & Kaplan, 1950）。「H の K 政策」とは H が K という価値の実現を目指していることを意味しており、H は G の妨害があれば自己の望む価値 K の実現が困難となり、逆に G の協力を得られれば、その価値実現が容易となるのである。したがって、もし H がぜひとも価値 K の実現を望むのであれば、H は G の要求に従わざるを得ないのである。前記の定義では「関係」という語を用いて明らかに関係概念に立っているのに対し、ここでは「権力を有する」との表現で実体概念を採用しているかに思われるが、上にみたように、根本的には G と H との間の関係を説明しているのである。

ところで、ラズウェルは説明を単純化するために G と H という 2 人の人間関係を示しているが、1 人の人間は通常、ただ 1 つの価値のみを追及しているわけではない。例えば P という人物が X、Y、Z という 3 つの価値を追求していたとする。これら 3 つの価値について必ずしも同一人物との間に権力関係が

成立しているとは限らない。Xという価値についてはAという人間との間に、Yという価値についてはBという人間との間に、さらに価値Zに関してはCという人物との間に権力関係が成立していることもあり得る。すなわち、1人の人間Pについて価値X、Y、Zを媒介としてA、B、C3人との間に権力関係が成立しているのである。こうした状況を権力の重畳的構造と言う。このような場合、たとえPとA、B、Cの3名のうちの1人もしくは2人との間の権力関係が解消されたとしても、残りの1名ないしは2名との権力関係は依然として残存することになる。第3章で詳述される市民革命において、市民階級と共に絶対王政打倒のために闘った都市下層民や農民が、絶対王政打倒の闘いには勝利を収めて絶対君主との間の権力関係は断ち切ったものの、依然として市民階級に従属せざるを得なかったのはこの一例である。

　イーストンは「諸価値の権威的配分」の具体的方法として、次の3つを挙げている。それは、①既に所有している価値を剥奪すること、②獲得可能な価値の獲得を妨害すること、③ある人びとには価値への接近を許し、他の人びとにはそれを許さないこと、である（Easton, 1965）。すなわち、価値剥奪などの手段を通じて価値の配分結果を受け入れさせるのであり、上に示したラズウェルの場合と同じ文脈で理解することができよう。

権力の概念

　これらの諸説を検討すると、権力とは、価値の剥奪ないしはその威嚇を媒介として人間の行動様式を統制し得る関係であると考えることができよう。

政治権力

　これまで検討してきた権力関係は、社会の中のさまざまな場面で成立する。もちろん、権力が人間と人間の関係である以上、他の人間から隔絶されてたった1人で生きている人間には権力は無縁であるが、複数の人間が集まり集団を形成している状況では権力関係が成立する可能性があるのである。ある目的のために人びとが任意に集まって作り上げる学校や、サークル、企業の場合もその例外ではない。このような場で成立する権力を一般に社会権力と言う。

　政治権力はこの社会権力の一種であるが、他の社会権力とは重大な相違があ

る。政治権力以外の社会権力はいわば私的権力であり、その集団に参加するか否かは基本的には本人の意志に基づいているのである。例えば企業という集団でも企業内部の秩序を維持し、企業の究極的目的である利潤の極大化を図るため、「価値の剥奪ないしはその威嚇を媒介として」社員の行動様式を統制するだろう。しかし上司のあるいは会社の方針・命令に違背した社員に対していかなる制裁措置をとることができるのであろうか。戒告や減給、あるいは左遷、昇任の遅延などさまざまなものがあり得るが、最終的には馘首という形でその集団から追放することができるのみである。その他の私的集団の場合でも同様であり、その集団メンバーとしての権利停止や除名が最高の「価値剥奪」である。

　これに対して政治権力は典型的な公権力であり、原則的に国家あるいは自治体の成員となるのは必ずしも本人の自発的意志に基づいているわけではない。もちろんある自治体に帰属することを拒否する者は他の自治体に転居することもできるし、生まれた国の国籍を棄てて他国の国籍を取得する道も開かれてはいる。しかし他の自治体や国家に移り住んだとしても、国家や自治体に帰属しているという事実そのものには何ら変わりはないのである。また前述のように私的権力の場合には「価値剥奪」にも自ずから限界があるが、政治権力にあっては物理的暴力手段の合法性を独占しているのが普通であり、違法行為を摘発した場合には自由を拘束したり、必要とあれば人間にとって根源的価値である生命すら奪うこともできるのである。以上のように、政治権力は社会権力の一種ではあるものの、それ以外の社会権力とは比較にならない程の普遍性を有し、また価値剥奪の範囲も程度も広い強大な権力であると言える。

4　支配と服従

支配と服従

　これまで検討してきたように、権力とは支配者と服従者との相互的関係として捉えることができるが、では支配とはいかなる特性を有しているのであろう

か。ウェーバーは、「支配とは、定義的に、ある示しうる人間集団において、特別な（もしくはすべての）命令に対して服従を見出す機会をいう」（Weber, 1922）と述べた。支配が「服従を見出す機会」であるとすれば、服従を見出すことができなければ、すなわち服従する側に最小限度の服従の意志すらなければ、支配・服従関係は成り立たないのである。支配・服従関係の最も典型的で露骨な事例は奴隷所有者と奴隷の関係であろう。奴隷は日中は体力の限界に至るまで働かされ、明日の労働を可能とする最小限度の粗末な食事を与えられ、夜は逃亡を防ぐために鎖で繋がれているかもしれない。このような過酷な取扱いを受けている奴隷であっても、ムチで打ちのめされるのを嫌って、あるいは生命を奪われることを恐れて、奴隷所有者の命令に従う意志を有しているのである。もし奴隷が自らの生命の危険を冒してでも奴隷所有者の命令に服従することを拒否するに至った時には、もはや奴隷所有者は支配者ではあり得ず、また奴隷も被支配者ではなくなり、支配・服従の関係は消滅してしまうのである。

　最小限度の服従の意志がなければ支配は存在し得ないが、支配する側は最終的には強制力の行使もしくはその威嚇によって服従を引き出そうとする。この強制の契機と服従の契機の緊張関係の中で支配・服従の関係は成立する。服従の契機は抵抗の逆数でもあり、支配する側がさまざまな手段を通じて抵抗を排除して命令を遂行していくところに、支配の意味があるのである。服従の契機を過大に評価するあまり、強制の契機を軽視することは誤りであろう。

少数支配の法則

　「多数者が統治し、少数者が統治されるというのは、自然の秩序に反している」（ルソー『社会契約論』）と言われる。確かにかつての絶対君主が専制的権力を行使していた時代や、貴族階級が政治権力を独占して栄華を極めていた時代には、少数者が支配し、多数者がこれに服従する状況は誰の目にも明らかであったと言えよう。しかしこうした少数者の支配は決して過去の遺物ではなく、いかなる時代においてもみられる現象なのである。もちろん普通選挙制が実現した現代の大衆デモクラシーの時代もその例外ではあり得ない。多数者の

第1節　権力と政治　*35*

支配が「自然の秩序に反する」とまで言われるように、少数支配は時代を超えた事実であり、1つの「法則」であると言ってよいだろう。ウェーバーはこれを「少数者原理」（Prinzip der kleinen Zahl）と名付けたのである。

　もとより、前述のように、デモクラシーの語源はギリシア語の demokratia であり、「人民」を意味する demos と「権力」を意味する krátos を合成してできた言葉である。したがってデモクラシーとは本来的に人民全体に権力が与えられた政治を意味しており、とりわけ今日の大衆デモクラシーの下では、ある一定の年齢に達した者すべてに政治に参加する資格を保障する普通選挙制が実現している。しかしながら、こうした多数者の支配がいかに制度的に保障されていたとしても、現実の重要な政治的決定が一握りの少数者によって下されていることは否定できない事実である。多数者の支配は1つの擬制にすぎず、少数支配の法則はここでも貫かれているのである。

　ではなぜ、多数者の支配という制度的枠組みの下でも少数支配は貫徹されるのであろうか。先にも示したように、支配とは究極的には物理的強制力を行使してでも服従を引き出す能力であり、政治権力はこうした物理的強制力によって定礎されている。国家の保有する物理的強制力は合法性を独占しており、かつ高度に組織化されている。このような特性を持つ物理的強制力を制御し得る少数者は、容易に未組織で非力な多数者を支配することができるのである。とりわけ今日の大衆社会状況の下では、政治に積極的に関心を示さず、むしろ政治に背を向ける大衆が存在している（この点については第3章を参照のこと）。こうした大衆を目の前にして、少数のエリートは容易に支配の機会を見出すことが可能となるのである。

　また組織とは、その規模が拡大するにつれて組織としての意志決定を迅速かつ能率的に行うために、位階制的（hierarchical）構造をとらざるを得ない。「船頭多くして舟山に登る」のたとえのように、命令を発する人間の数が多すぎれば、組織は混乱して機能不全に陥る危険性があるのである。ごく限られた少数者が組織の最高意志を決定し、その決定は直ぐ下の階層に命令として伝達され、そしてそれは順次末端にまで浸透していくことが要求されている。このよ

うな構造ができあがって初めて、組織はその目的達成のために効率的に機能していくことになる。ミヘルス（Michels, R.）はドイツ社会民主党の党組織を研究し、少数の党指導者がこの党を支配していることを明らかにした。そしてこのようなデモクラシーの実現を目指す組織においてすら少数者の支配が存在しているのであれば、その他の組織において少数支配が行われるのは必然であるとして、「寡頭制の鉄則」（das ehre Gesetz der Oligarchie）を主張したのである（Michels, 1911）。

以上のように、少数支配とはいかなる組織においても、またいかなる政治形態においてもみられる現象ではある。多数者の支配としてのデモクラシーはいわば「理念」であり、少数者が支配しているというのは動かしがたい「現実」である。しかしながら、支配する少数者の行動を制御し、必要な場合には支配する少数者の更迭を可能とするためには、デモクラシーの理念的側面を軽視してはならないことは言うまでもない。

支配の正統性

少数者が支配するのを可能にする諸条件については上に示した通りであるが、それでもなお、支配される多数者がいかなる理由で少数者の支配を受け入れるのかという問題は残っている。それが支配の正統性の問題である。すなわち、服従する多数者は少数者の支配をさまざまな根拠に基づいて正当なものとして受け入れるのである。

ウェーバーは支配者が正統性を獲得する根拠に着目して、有名な支配の正統性の３つの類型を提示した（Weber, 1922）。

① 伝統的支配

伝統的支配とは、長年にわたって継承されてきた伝統や、積み重ねられてきた慣習を重んずる社会でみられるタイプの支配である。支配者は伝統的に伝えられた規則により決定され、伝統を通じて賦与された固有の品位によって服従を見出すことができる。支配者は本質的に「上司」ではなく個人的首長であって、支配者を支える幹部は「官僚」ではなく個人的な「臣僚」であり、被支配者は「家臣」なのである。

支配者としての資質はそれぞれの社会の伝統によって規定されており、ある場合には「長老」であったり、またある場合には特定の「血統」が重視される。こうした資質を備えていない者は、いかに優れた能力を有していたとしても、支配者になることはできない。

伝統的支配は支配者の自由裁量に委ねられている部分もあるが、多くの場合、伝統に従って行われる。伝統的支配者は伝統を尊重し伝統を継承することを期待されており、もし彼が伝統を無視したり、あるいはこれを軽視したりすると反抗が生ずる可能性がある。しかしこの反抗は伝統を遵守するために発生するのであるから、伝統を無視した支配者の人格にのみ向けられ、伝統的体制そのものを覆すことを目的としているわけではない。これを「伝統主義的革命」と言う。

② カリスマ的支配

カリスマ（charisma）とは「恩寵による賜」を意味するギリシア語である。すなわち神から授かったと考えるほかない超自然的、超人間的、非日常的な特殊な能力を意味している。例えばフランスが革命と対外戦争のために混乱の極にあり、国家存亡の危機に登場したナポレオン（Napoleon Bonaparte）はその一例である。ナポレオンは軍事的才能によりヨーロッパ大陸をその支配下におさめ、フランス人の愛国心を高揚させてついに国民投票によって皇帝の地位にまで上り詰めた。また第一次世界大戦後のヴェルサイユ体制打破を主張したヒトラー（Hitler, A.）や、第二次世界大戦中フランスが事実上ドイツに敗北したにもかかわらず、「自由フランス」を掲げ続けたド・ゴール（de Gaull, C.）にも、同様にカリスマ性が認められよう。

カリスマの妥当性を決定するのは被支配者の自由な承認であり、支配者の側でいかにカリスマ性を主張したとしても、被支配者によってそのカリスマ性が認められなければカリスマ的支配は成立しない。被支配者の承認を獲得するためには、カリスマとしての「証し」を示す必要がある。したがってカリスマ的支配者は常に「証し」を示し続けることを要求され、もし長期間にわたってこの「証し」が示されなくなると、カリスマ的支配は消滅することになる。

38 第2章 政治現象と権力

　カリスマとは非日常的な、また非凡な力であるため、長い年月にわたって遵守されてきた因習や伝統を一気に打破する力がある。これがカリスマの持つ革命性である。

　カリスマとは本来的に特定の個人に備わった非日常的な能力であるが、その特定の個人のカリスマ性が血筋を通じて彼（彼女）の一族や近親者に受け継がれるとみなされる場合がある。例えば前述のナポレオンの保有したカリスマ性は、ナポレオンの甥であるルイ＝ナポレオン（Louis Napoleon Bonaparte）に継承されたと考えられる。ルイ＝ナポレオンはフランスの二月革命の後、ナポレオンのカリスマ性を意識的に利用して大統領に就任し、やがて1852年には伯父と同じように国民投票によって皇帝の位に就き、ナポレオン3世と称したのである。これを「世襲カリスマ」というが、こうした世襲カリスマが何代かにわたって続けば、それは伝統的支配に近いものになるであろう。

　またカリスマが特定の人間ではなく、特定の地位や官職に認められることもある。いかなる人間であろうと、こうした地位や官職に就くことによってカリスマ性を帯びるのである。これは「官職カリスマ」と呼ばれる。

③合法的支配

　合法的支配の場合、支配者はあらかじめ制定された法に則って選任され、法に従って支配する。この法は被支配者が選んだ代表によって構成される議会で制定されるのであり、被支配者は同輩として、また「法」に対してのみ服従するのである。

　合法的支配は今日における最も一般的なタイプであり、近代的政治制度の基本をなしているが、そこには次のような問題点も潜んでいる。

　ウェーバーは合法的支配の典型として官僚制支配を指摘している。確かに官僚制は法に基づいて没主観的に、画一的に、迅速かつ正確に事務を処理していく効率的な機構であると想定される。しかし、現実には官僚主義という言葉に象徴されるようなさまざまな問題を露呈しているのである（官僚制の詳細については第3章第2節を参照すること）。また合法的支配における合法性とは、あくまでも形式的合法性を意味している。この形式的合法性を隠れ蓑として、実

質的独裁政治が展開される可能性は残されているのである。あのヒトラーが選挙で多数派を形成することによって政権の座に就き、さらに議会でいわゆる「全権委任法」を成立させて独裁権力を行使したことを想起すべきであろう。われわれは「形式的」合法性の段階で満足すべきではなく、常にその法の「実質」を問題としなければならないのである。

　ウェーバーは以上のように支配者が正統性を獲得する根拠を3つに分けて説明したが、言うまでもなくこれらはいずれも「理念型」であり、伝統的支配、カリスマ的支配および合法的支配が純粋な形で登場することは稀である。現代の社会に一般的な合法的支配にせよ、伝統的な要素も、またカリスマ的な要素も含まれている場合が多いのである。

5　支配・服従関係の安定化

　先に述べたように正統性を獲得した支配者は、自らの支配者としての地位を安定させ、さらにはできる限りそれを永続させるためにさまざまな手段を用いる。被支配者が支配者に対してとる態度を類型的に示せば、①明白な支持者、②潜在的支持者、③中立者、④潜在的敵対者、⑤明白な敵対者に分類することができるであろう。支配・服従関係の安定化とは、できる限り明白な支持者を拡大する一方、明白な敵対者を可能な限り減少させることである。もちろん、明白な敵対者を一気に明白な支持者に変えることは困難であろうから、⑤の立場を明白にしている者をできる限り④に近づけ、④の人間にはできれば③の立場をとらせ、③を②へ、そして②の人間を可能な限り①へと引き付けていく必要がある。

　政治権力は前述のように物理的暴力手段の合法性を独占しており、明白な敵対者が実力行使をもって反抗した場合にはその生命さえも合法的に奪うことができる。しかし、反抗する者を次々と牢獄に送り込んで自由を奪い、列をなして処刑台に登らせることは決して賢明な方法とは言えない。このような「強

権」を振るわなければならないということは、言うまでもなく⑤の明白な敵対者が数多く存在していることを意味しており、権力は強大であるよりもむしろ弱体化していることを示しているのである。支配者は「権力の経済」という観点からも、物理的暴力手段の行使を「最後の手段」として留保しつつ、できる限り「強権」を発動せずにすむ状況を作り出さなければならない。

社会的価値の配分

物理的暴力手段の行使を「最後の手段」として留保しつつ、権力の安定化を図るにはさまざまな方法があるが、社会的価値の配分はその代表的なものである。もし支配者が社会的価値の大半を占有し、被支配者にはほとんど配分しなかったとすれば、当然のこととして被支配者の間に不平・不満が堆積し、やがてはそれらの不平・不満が些細なきっかけで爆発して暴動が発生するかもしれない。支配者はこうした事態を未然に防ぐためにも、社会的価値を適度に被支配者に配分する必要がある。

社会的価値の配分が権力の安定化の一手段である以上、社会的価値の配分がもし権力の安定化に寄与しない場合にはこれを剥奪するという威嚇が潜んでいるのである。また社会的価値の配分は、価値の独占に対する被支配者の不平・不満を緩和ないしは解消するために行われるのであり、支配者が進んで積極的に実行するものではないし、支配者にとって重要な基本的価値を配分することはあり得ない。

社会的価値の配分方法や配分されるべき社会的価値の種類は多様であるが、ここではそれらのうちの代表的なものだけを採り上げて考察することにしよう。まず第1は経済的価値である。経済的価値は人間の生活を支える貴重な価値であり、今日に至るまで常に重要な位置を占めてきた。経済的価値を十分に獲得することができず生活に困窮する人びとの数が多くなれば、社会の安定性が失われてついには支配者としての資質に疑問が提起され、権力の不安定化をもたらす可能性が生じる。イギリスの救貧法（Poor Law）の歴史に明らかなように、かつては貧困とは個人の資質の問題であった。貧困対策も社会秩序の維持という観点から貧者の取締りが中心であり、これに付随して宗教的慈善とし

ての施しが行われていたにすぎない。しかし今日では貧困は単なる個人の問題ではなく、社会全体が取り組むべき問題であると認識されるようになった。そのため累進課税制度によって比較的富裕な階層により大きな経済的負担を課し、これを財源として貧困層の最低限度の生活を保障するようになったのである。こうした社会保障政策あるいは社会政策は、政治学的に分析すれば、明らかに経済的価値の配分を通しての権力安定化策なのである。有名なビスマルク（von Bismarck, O.）時代のドイツで行われた「アメとムチ」の政策、すなわち一方において社会主義者鎮圧法で社会主義運動を弾圧しつつ、他方で養老保険制度などの社会政策を推進したことは、社会政策の持つ政治的意義を明らかに示していると言えよう。さらに税率の低減あるいは課税最低限度額の引き上げなどによって実施される減税にも、同様に経済的価値の配分という意義が認められる。

　第2は名誉的価値である。人間は経済的価値を充足すればそれで満ち足りるわけではない。命を賭けてでも人間としての誇りや名誉を守りぬいた事例は数多く伝えられている。国家や社会に対する貢献、勇気ある行動、あるいは他の人の範となるべき行為に対して勲章を授与したり、これを表彰することは名誉的価値の配分である。国家にはたいてい栄典制度が整備されているが、わが国でも明治期に入って間もなく栄典制度が定められた。第二次世界大戦後には一部を除いて停止されていたが1963（昭和38）年の閣議決定に基づき翌年から生存者叙勲制度が復活され、春と秋の2回に分けて、勲一等から勲八等に至るまで多くの人びとが勲章を授与された。その後、2003（平成15）年の閣議決定により叙勲制度の見直しが行われ、勲等が廃止されて簡素化されたものの、叙勲制度そのものは存続している。1つ1つの勲章そのものにはさしたる経済的価値があるわけではない場合が多いが、その勲章が象徴している名誉には重大な価値が認められているのである。

　第3は権力的価値である。権力という価値は他の価値とは異なる特殊な価値であるために、その配分に際してはとりわけ慎重さが必要とされる。支配者は支配者としての立場を有利にするために権力的価値を配分するのであるが、配

分の仕方を誤れば直ちに支配者としての権利を失う恐れがあるので、自ら進んでこの価値を配分しようとはしないのが通例である。権力的価値を配分する具体的方法としては、まず選挙権の賦与が考えられる。かつての市民社会にあっては選挙権は財産資格によって制限されていた。しかしその後、資本主義経済の発展とともに成長した労働者階級は選挙権を要求する運動を展開したが、その要求は決して簡単には実現しなかった。それはイギリスの第1次選挙法改正運動とそれに続くチャーチスト運動の高揚と挫折をみれば明らかであろう。そのイギリスで初めて労働者に選挙権が認められたのは1867年の第2次選挙法改正によってであるが、その際にしばしば口にされたのは「暗中飛躍」（a leap in the dark）という言葉であった。すなわち、労働者に選挙権を与えることは暗闇の中へ飛び込むようにきわめて大きな危険が伴う、との意味である。この言葉の中には当時の支配階級がやむなく労働者に選挙権を与える際の不安感がよく示されている。

　また役職の配分もこの権力的価値の配分として理解される。わが国でも自民党長期政権が続いていた時代には、新首相が国会で指名された後の組閣や内閣改造の際にはいわゆる組閣本部が設置されて、与党である自由民主党の各派閥の勢力を勘案しながら閣僚の選任が進められた。各派閥に割り当てられた閣僚ポストの数やその担当省庁を誤れば、首相の権力基盤は大きく動揺することになる。多党制下の議会で連立内閣を余儀なくされている場合には、こうした閣僚の選任はより慎重にならざるを得ないであろう。

　さらに権力価値の配分のきわめて特殊な事例として、「生贄の山羊」の提供が行われる場合もある。これは被支配者に対して、支配者への不満をそらす目的で「生贄の山羊」を提供して、擬似的に支配者的心理を満足させるものである。すなわち、被支配者は支配者との関係では明らかに被支配者であるにもかかわらず、「生贄の山羊」との関係ではあたかも支配者であるかのように振舞うことになる。ナチス政権下でのユダヤ人問題もこのような文脈で理解することができよう。

　支配・服従の安定化のために配分される社会的価値は、もちろんこれらに限

定されるものではあり得ない。支配者は自らの支配者としての地位の安定化に資すると判断すれば、いかなる社会的価値であろうと利用するであろう。

象徴の操作

象徴とは抽象的な概念を何らかの具体的事物もしくは人間によって示すものである。例えば国旗や国歌は国家を象徴しているし、日本国憲法第1条は、「天皇は、日本国の象徴であり日本国民統合の象徴」と規定している。支配者はさまざまな象徴を巧みに操ることにより、人間の情緒的・非合理的側面に訴えかけて忠誠心を強めたり国民としての一体感を喚起して、より確実な服従を獲得しようとするのである。

メリアムは「信仰さるべきさまざまなもの、すなわちクレデンダ（Credenda）」と、「讃嘆せらるべきさまざまなもの、すなわちミランダ（Miranda）」で自己を飾り立てることが「権力の常套手段」であると述べた（Merriam, 1934）。彼の言うクレデンダとは、人間の知性に訴えて権威の継続性に対する同意を獲得するものであり、前項で述べた支配の正統性に類似したものを指している。これに対してミランダとは権力の威厳や尊大さを人間の感情に訴えかけるものであり、次のような事例が列挙されている（同書）。

・記念日および記憶に残されるべき時代

・公共の場所および記念碑的な道具立て

・音楽と歌曲

・旗、装飾品、彫刻、制服などの芸術的デザイン

・念入りに仕組まれた儀式

・行進、演説、音楽などを伴った大衆的示威行為

これらはいずれも、またいつの時代においても支配者によって巧みに利用されてきた。「革命記念日」や「独立記念日」さらには「建国記念日」などは国家への忠誠心を喚起する絶好の機会であるし、その日に挙行される荘厳な儀式や華やかなパレードなども同様である。大統領や首相の執務する官邸や法案を審議する議事堂の威厳に満ちた外観は、そこで決定された政策や法律の権威を象徴している。さまざまな機会に掲揚される国旗や演奏される国歌は、国家意

識を高揚する不可欠のものである。「人種のるつぼ」とも言われるアメリカで国旗に対する忠誠をしばしば要求されるのも、多種多様なアメリカ人を統合していくのに星条旗が最も便利な手段であるからであろう。

　ところで、各種の象徴を巧みに操作することによって国民の忠誠心を喚起し、団結力を強めることが可能となるが、一方ではまた象徴の操作は「心理的暴力」として機能することもある。鉤十字（Hakenkreuz）はゲルマン人が青銅時代から用いていた幸福の象徴であったが、これがナチスの標章としても採用された。この鉤十字がナチスの標章として利用されると、それはナチスの持つ暴力性を象徴することになる。ナチスには、ナチスの大衆集会の警護を目的とする突撃隊（SA）やヒトラーの身辺警護のための親衛隊（SS）が組織されており、人びとに恐怖心を与えていた。ナチスを象徴する鉤十字は同時にこれらの暴力装置を象徴しており、突撃隊の暴力行為を目撃し、あるいは恐ろしい話を伝え聞いた人びとは、実際に自分がその被害にあってはいなくとも、鉤十字の記された旗を目にするだけでナチスに抵抗する気力を喪失してしまうのである。これを「心理的暴力」という。

　象徴の操作は古来からさまざまな態様で行われてはきたが、とりわけ現代の大衆社会においては第3章で述べられる大衆の心理的特性、さらにはマス・メディアの異常ともいえる発達もあって、その重要性は一段と高まっている。大衆操作は現代政治の抱えるきわめて重大な問題の1つである。

説得・宣伝

　説得とは相手の理性に働きかけて政策の妥当性、あるいは支配者としての正統性などを納得させることを言う。しかし現実にはこのような説得がどこまで効果を持ち得るかに関しては疑問を持たざるを得ない。説得という外観を帯びつつ、実際には相手の理性に対してよりもむしろ感情に訴えかける宣伝の方が、はるかに大きな意味を持つ場合が多いのである。

　大衆社会化状況の下で最も効果的に宣伝活動を展開して成功をおさめたのはナチスであるが、ヒトラーは次のように述べている。「民衆の圧倒的多数は、冷静な熟慮よりむしろ感情的な感じで考え方や行動を決める……。しかしこの

感情は複雑ではなく、非常に単純で閉鎖的である。この場合繊細さは存在せず、肯定か否定か、愛か憎か、正か不正か、真か偽かであり、決して半分はそうで半分は違うとか、あるいは一部分はそうだがなどということはない」。では、こうした大衆に対してはどのような宣伝が効果を発揮するのであろうか。「宣伝におよそ学術的教授の多様性を与えようとすることは、誤りである。大衆の需要能力は非常に限られており、理解力は小さいが、その代わり忘却力は大きい。この事実からすべて効果的な宣伝は、重点をうんと制限して、これをスローガンのように利用し、そのことばによって、目的としたものが最後の一人にまで思い浮かべることができるように継続的に行われなければならない」（Hitler, 1925-1927）。ヒトラーの大衆観、民衆観をそのまま受け入れることはできないが、そこには宣伝の本質的部分が含まれていることは否定できない。

　また、選挙運動とは本来、自己の政治的信条、実行に移すべき政策を掲げて有権者に示し、自分がいかに政治的エリートとしての資質を備えている人物であるかを説得する機会であろう。しかしながら現実には「イメージ選挙」という言葉が象徴しているように、そのような説得が行われているとは言いがたい。宣伝が宣伝として行われることはめったにないのであり、むしろ宣伝は一見合理的な説得という外皮をまとっていることの方が多いのである。説得と宣伝は表裏一体であり、両者を画然と識別することは不可能に近い。しかしいずれにせよ、それらは支配・服従関係の安定化にとって重要な手段なのである。

教　　育

　本章の冒頭でも述べたように、ヒトはこの世に生を享けた後、家族や遊び仲間さらには学校、職場というように徐々にその活動範囲を拡大しつつ、その集団・社会を律している基本的ルールを習得し、その集団・社会のメンバーとしての意識・態度を身に付けていく。こうした一連のプロセスを社会化（socialization）と言うが、とりわけ政治社会における学習過程、すなわち「政治文化」（political culture）の習得過程を「政治的社会化」（political socialization）と呼んでいる。この政治文化という概念もきわめて多義的ではあるが、アメリカの政治学者パイ（Pye, L.）によれば、「政治過程に秩序と意味を与え、また政治シ

ステム内における行動を支配している基本的な前提とルールを与える態度・信条・感情のセット」であると定義される（Pye, L., 'Political Culture' in *International Encyclopedia of Social Sciences*, Vol.12, 1968）。すなわち政治文化とは政治社会を構成している人びとの一般的なものの見方、感じ方、評価の仕方、さらにはこれらに基づく行動や指向性のパタンのうち、特に人びとの政治的行動を規定しているものを指している。

支配者がこの政治的社会化のプロセスに介入し、自分にとって都合のよい人間を創出することができるならば、支配・服従関係の安定化に大きく寄与することは明らかであろう。政治的社会化の過程でもとりわけ体系的、組織的に人間形成に取り組むのは学校教育であり、この学校教育をコントロールすることが最も効果的なのである。第二次世界大戦終結に至るまでのわが国の歴史教育・修身教育などはその代表的な事例であったと言えよう。現在では国定教科書こそ姿を消したが、依然として教科書の検定制度は存在している。アジア諸国との間で生じるわが国の教科書をめぐる紛糾は、人間形成のプロセスにおける教育の比重の大きさを物語っていると言えよう。教育には非常に多くの時間と労力を必要とするが、これが徹底された場合にはその効果はきわめて大きいのである。

6　権力構造の分析

リースマンとミルズ

アメリカの社会学者リースマン（Riesman, D.）は 1950 年に公刊された『孤独な群衆』において、「過去 50 年に、アメリカでは権力の形態に変化があった。アメリカでは、単一の支配者のいる支配階級のヒエラルヒーが、権力の分散している多くの『拒否権行使集団』（veto group）にとって代られた」と指摘した。アメリカ社会には各種の産業団体や経営者集団をはじめ、労働組合、農民組合といった職能集団の他に、地域的・人種的な数多くの集団が存在している。これらの自発的集団は自己の利益を侵害する行為や決定を拒否する力を持

った「防禦集団」であり、互いにしのぎをけずっている。したがってこのようなアメリカ社会においては権力構造は多元的であり、強固なパワー・エリートは存在しないと説くのである（Riesman, 1950）。

これに対してミルズ（Mills, W.）は、1956年に著した『パワー・エリート』の中で、「権力の中間水準に、必要以上の注意を払うことは、全体としての権力構造、特に、その頂点と底辺を、曖昧にする」としてリースマンの見解を退け、これを「ロマンチックな多元論」であると批判した。ミルズによれば、アメリカ社会には「政治家・財界人・軍人」からなるパワー・エリート層が形成されているのであり、とりわけ、最も利益を得たのは軍部であった（Mills, 1956）。1961年、アメリカ大統領アイゼンハウアー（Eisenhower）は退任演説において、アメリカの政治が「軍産複合体」の影響力の下にあると警告した。第二次世界大戦後の冷戦という国際情勢に直面し、自由主義陣営の擁護者としてのアメリカは、いわば常に準戦時体制下におかれていたと言ってよいだろう。かかる状況の下で軍部の発言権は増大し、またこれと密接に結び付いた軍需産業の政治的影響力が強まったことは否定できない。アイゼンハウアーの警告はこうしたアメリカ社会の現実に対して注意を喚起したものであるとみなすことができよう。

リースマンの多元論にせよ、またミルズのパワー・エリート論にせよ、それは国家レベルの権力構造論であり、当時のアメリカ社会の分析として多くの論議を巻き起こしたが、いずれも厳密な実証性を有するものではなかった。

地域権力構造論争

権力構造の実証的分析を可能とするためには、分析のレベルを国家から地域に移す必要があった。地域レベルの分析であれば、さまざまな方法による調査を通じて、権力構造の実証的研究が可能となるのである。ここでは権力構造の実証的研究として以下の2つの研究を採り上げることにする。

① ハンターの権力エリート論

ハンター（Hunter, F.）は人口約40万人のリージョナル・シティ（仮名：実際はジョージア州のアトランタ市）の権力構造を調査して、1953年に『地域権力

48 第2章 政治現象と権力

構造——決定作成者の研究』（*Community Power Structure : A Study of Decision Makers*）という著作にまとめて発表した。この研究はその後、地域権力構造をめぐって多くの論議を呼び、それらの論争は地域権力構造（Community Power Structure）の頭文字をとって CPS 論争と言われるようになった。

　ハンターの研究の特色はまず第1に、その調査方法に表れている。彼は、「影響力に対する評判が権力分布の状態のインデックスとなり得る」との基本的仮説に基づいて、「評判（声価）法」（reputational approach）と呼ばれる調査方法を採用した。

　調査の具体的手順は次の通りである。

1) コミュニティ内の職能集団、市民団体、企業、公共団体、市の行政組織などのリーダーと目される人びとを、各種の資料から 175 名選び出す。

2) これらの 175 名のリーダーの中から、「情報通」（knowledgeable）と言われる判定者の評価に基づいて、40 名を選び出す。

3) このようにして選ばれた 40 名のリーダーにインタヴューし、相互選択によってさらに 10 名のトップ・リーダーを指名させる。

　以上のような手順に従って行われた調査の結果、次のような事実が判明した。上の 2) による情報通からの得票数も多く、かつ 3) の相互選択でも上位を占めたのは、圧倒的に銀行・金融業、商業、製造業の経営者であり、他には弁護士、および市長であった。したがって、このコミュニティを支配しているのは企業出身の一握りの経済エリートであると結論づけることができる。このため、ハンターの理論は「権力エリート論」と呼ばれているのである。

　このようなコミュニティにおいては、「成層化されたピラミッド構造」（stratified pyramidal structure）が存在すると言われる。まず最上層には、最終的な政策決定と承認の機能を有する「上位指導集団」（upperlimits leadership group）があり、その大部分は大企業経営者もしくは大企業の最高役員である。その下に位置するのが「下位指導集団」（1owerlimits leadership group）である。彼らは「上位指導集団」が最終決定するための政策実施案の作成・整備を担当している。さらにその下にあるのが「従属構造」（under-structure）なのであ

る。

　こうした「成層化されたピラミッド構造」の下では、上流階級が単一の権力エリートとしてコミュニティの生活を支配しており、政治指導者および市民の指導者はこの上流階級に従属しているのである。この上流階級の権力エリートは、政策決定権を掌握することにより、彼ら自身の利益のために支配しており、その結果、上流階級と下層階級との間に社会的葛藤が生じることになる。

　以上のような「権力エリート論」は、アメリカ民主政治の根幹に関わる問題を提示しており、各方面にきわめて大きな衝撃を与えた。とりわけ多元的な権力構造の存在を確信する者は、自らの主張を具体的な調査によって実証する必要に迫られたのである。

②　ダールの多元論

　多元論の立場に立つダール（Dahl, R.）は、1957 年から 59 年にかけてコネティカット州ニューヘヴン市の権力構造を調査し、その結果を 1961 年に『誰が支配するのか？―アメリカの都市におけるデモクラシーと権力』（*Who Governs? Democracy and Power in an American City*）として発表した。

　ダールはニューヘヴン市のようなアメリカの古い都市では、政治的資源が一部のエリートに集中していた体系から、政治的資源が分散した体系へと変化してきたと考えた。彼はそのような変化を次の 3 つの時期に分けて説明している。

　第 1 期は貴族（patricians）支配の時代である。ここでいう貴族とは、独立期以来の市の名家であり、「門閥」である。彼らは宗教・教育・経済のすべてを支配して、政策決定に影響力を行使する資源となる家格、社会的地位および公職を独占的に保持していた。第 2 期は企業家（entrepreneurs）支配の時代である。経済的には産業化の進展が、そして政治的平等の拡大が名望家層による門閥支配を終焉に導き、やがて徐々に経済的実力を蓄えるに至った企業家が支配する時代へと移っていくのである。これに続く第 3 期は平民出身者（ex-plebs）の支配する時代である。経済の発展につれてさまざまな人種の移民がアメリカに賃金労働者として流入してくるが、各政党は彼らの人種的感情に訴えて彼ら

50 第2章 政治現象と権力

の背負うハンディキャップを取り除くことに努力し、しだいに彼らが中産階級化して政治的実力を備えるようになった。

　1期から3期への変化は、必ずしも完全な平等の実現を意味しているわけではないが、政治的資源（社会的・経済的・政治的地位）の累積的不平等の時代から分散的不平等の時代への変化を示しているのである。こうした状況の変化を前提として、ダールは次のような方法によって調査を実施した。

　ダールの用いた調査方法は「政策決定アプローチ」(decision-making approach)もしくは「争点アプローチ」(issue approach) と呼ばれているが、これには2つの理論的前提がある。すなわち、行為者の相対的影響力を比較する場合には、諸行為者が効力を及ぼす範囲に言及しなければならないこと。そして支配エリートを統制に対して潜在力を持つ集団と混同したり、体系内で影響力を持つ諸個人と混同したり、またはただ1つの影響力の範囲から一般化したりすることはできないこと、である。したがって、コミュニティの権力構造を調べるには、具体的な「争点」ごとに、その政策の形成および決定過程に目を向ける必要があるのである。

　ダールが採り上げた具体的争点とは、A.都市再開発、B.政党の立候補者指名、C.公教育、の3つであった。これら3つの争点領域について、その重大な政策決定に際して誰が政策提案に成功し、また誰が他の者の政策提案を有効に拒否したかを調査したのである。その結果は以下の通りであった。

A.　都市再開発の領域で影響力を発揮した人の総数は 435 名

B.　党の立候補者指名の領域で影響力を発揮した人の総数は 497 名

C.　公教育の領域で影響力を発揮した人の総数は 131 名

さらに、2つ以上の領域にまたがって影響力を発揮した者を調査した。

A・Bの領域で重複する可能性は 435 名であるが、実際には 15 名（3%）

A・Cの傾城で重複する可能性は 131 名であるが、実際には 12 名（1.5%）

B・Cの領域で重複する可能性は 131 名であるが、実際には 3 名（2%）

A・B・Cの領域で重複する可能性は 131 名であるが、実際には 2 名（1.5%）

以上の調査結果から明らかなように、複数の傾城にまたがって影響力を有す

るリーダーはきわめて少数であり、ハンターの主張したような「権力エリート」は存在しなかったのである。こうしてダールの「多元論」は実証されたことになる。

　ダールによれば、公共機関に影響を与えるさまざまな資源は、さまざまな市民によって採用され得るのであり、ほとんど例外なく、これらの資源は分散されているのである。また1つの種類の資源を手に入れている個人は、その他の多くの資源には関係していないことが通例であり、1つの影響力のある資源が他のすべての資源に優越した力を持つことはない。若干の例外はあるにせよ、1つの影響力のある資源は、いくつかの争点領域またはいくつかの特定の決定には効果を持つが、すべての問題に効果を有するわけではない。そして実際にはどのような集団や個人であっても何らかの資源を有しており、まったく資源とは無縁であることは稀なのである。

　ハンターとダールが導き出した結論は正反対であったが、その原因は多分に調査方法の相違に帰せられるであろう。地域権力構造（CPS）をめぐる論争は、権力エリートの存在を主張するグループと、これを否定して権力の多元的構造を主張する人びととの間で華々しく展開されたが、明確な結論を得ないうちに論争自体がいつのまにか沈静化してしまった。地域の権力構造は制度としてのデモクラシーが実体として機能しているか否かの問題であり、まさしく民主政治の根幹に関わる重大問題であった。ここではどちらの側の主張により妥当性があったのかを判定することはできないが、この論争に秘められていた意味の重要性は十分に認識されねばならない。さらに、これまで権力現象に関する議論は抽象的にならざるを得なかったが、たとえ地域レヴェルに限定されていたとは言え、CPS論争では実証的な調査結果に基づいた議論が展開された。この点においてもCPS論争は政治現象の研究にとって1つの重要な示唆を与えているものと言えよう。

52 第2章 政治現象と権力

第2節　リーダーシップの政治学

1　支配・操作・リーダーシップ

　これまで、権力現象を支配と服従の相互的関係として捉える関係説に重点を
おきつつ種々の問題を検討してきたわけであるが、以下においてはやや視点を
変えて、リーダーシップの問題を考察することとする。

　リーダーシップとは何かという問いに答えるに際しては、支配や操作という
これときわめて類似した概念と比較しながら検討するとよいだろう。支配と
は、先にも述べたように服従を前提とした概念である。奴隷所有者と奴隷との
関係は支配・服従関係の究極的な姿であり、両者の間には根本的な利害の対立
が存在している。支配者はこうした利害対立の存在を前提として、究極的には
物理的強制力を行使してでも被支配者の行動様式を統制して命令に服従させる
のである。利害対立の存在を前提とする以上、支配者の利益が増大すればする
ほど、被支配者の不利益も増大する。支配者の利益と披支配者の利益との格差
は、被支配者の抵抗意識となって表れるが、こうした抵抗意識が顕著となれば
当然、支配の継続が困難となる。先に示した権力安定化のためのさまざまな手
段は、この抵抗意識を減少させるためのものであると理解できよう。しかし利
害対立の存在が前提とされている限りは、抵抗意識を完全になくすことは不可
能であり、究極的には物理的強制力に依存せざるを得ないのである。

　この支配に類似したものとして操作がある。操作とは、「秘められた、ある
いは非人格的な権力の行使であり、影響を受ける側の人間は、自分が何をして
いるのかをあからさまに物語ることができないのに、知らず知らずのうちに他
人の意志に従って行動する」状況を指している（Mills, 1951）。すなわち、操作
の場合には、被支配者は支配されているという実感を何ら持つことなしに、実
質的には支配されているのであり、支配の場合と同様に利害対立は暗黙のうち
に前提とされているのである。利害対立は存在しているのであるから、本来な

らば当然、抵抗意識が生じるはずであるにもかかわらず、操作されている側は
この利害対立の存在にすら気づいていないため、生じるはずの抵抗意識は表面
化することもない。したがって操作が巧みに行われている限り、物理的強制力
に頼る必要もないことになる。現代の大衆社会においてはこうした操作のため
の諸条件がそろっており、露骨な支配に代って大衆操作によって支配の実質が
貫徹されているのである。

　これに対してリーダーシップとは、リーダーとしての適格性をフォロアーが
認識し、フォロアーの自発的な意志に基づいて機能する。リーダーの利益はす
なわちフォロアーの利益であり、リーダーとフォロアーとの間には利害対立の
存在は前提とされておらず、したがって抵抗意識の生じる余地はない。このた
め、リーダーシップの場合には物理的強制力の契機は存在しないことになる。

　もとより以上のような区別はあくまでも概念的なものであり、決して実体化
し得るものではない。支配とリーダーシップは、それぞれまったく別の事象を
指すものであるというよりは、むしろ同一の事象を別の角度から分析したもの
であると言ってもよいだろう。すなわち、支配は被支配者に対する支配者の地
位の優越性に焦点を当てているのに対し、リーダーシップの場合にはフォロア
ーの支持を重視しているのである。しかしながら、デモクラシーが「合意によ
る政治」（government by consent）を基本としている以上、いかなる支配者と
いえども決して自らを支配者と規定することはないだろう。彼らは常にリーダ
ー（指導者）として大衆の前に登場するのであり、「支配者」と自称すれば直
ちにその地位を追われてしまうのである。ここに、リーダーシップ研究の政治
学的意義が認められるのである。

2　リーダーシップ研究の視角

　リーダーシップを研究するに際しては、その着眼点の相違によって次のよう
な方法がある。

54 第2章 政治現象と権力

資質アプローチ（trait approach）

まず第1はリーダーとしての「資質」（trait）に着目する方法である。いかなる人物がリーダーとしてふさわしいか、あるいは指導者はいかなる資質を備えていなければならないかという議論は、これまでにも多くの著作の中で提起されてきた。古くはプラトンの『国家論』においては、単に統治の技術に熟達しているだけではなく、「善のイデア」を認識した哲学者の統治する国家こそが理想国家であると主張された。またマキアヴェリは、国家を維持し拡大する任務を負った君主の備えるべき資質として、「ライオンの力」と「キツネの知恵」を指摘した。

ウェーバーは『職業としての政治』において、政治を自らの職業として選択する者にとって不可欠であるとされる3つの要件を示した。それはまず第1に、政治に対する熱情である。「政治が軽薄な知的遊戯ではなくて、人間的に真剣な行動であるとするならば、政治への帰依は、熱情からのみ生まれ、かつ培養される」のである。しかしこの熱情は責任感を欠如したものであってはならない。この責任感が、政治家に求められる第2の要件である。では政治家に要求される責任とはいかなるものであろうか。この点について、彼は「心情倫理」と「責任倫理」の区別を主張する。「心情倫理」とは、ある行為をなす場合にその動機に倫理性を求めるものであり、「責任倫理」とはその行為の結果の妥当性を重視するものである。政治家に求められるのは明らかに後者の「責任倫理」であり、行為の結果に対する責任である。いかに純粋で普遍的価値を有する動機に基づく行為であろうと、その行為の結果が悪ければ、政治家は責任を追求されねばならないのである。そして最後の第3の要件とは目測（Augenmass）である。目測とは「精神の集中と平静とをもって、現実をみずからの上に作用せしめる能力であり、したがって、事物と人間とに対する距離」であると説明される。換言すれば、ウェーバーの言う目測とは、周囲を取り巻く現実の状況を冷静に判断する能力であると言えよう。非現実性と結果に対する責任感の欠如は、政治家の2つの大罪なのである（Weber, 1919）。

メリアムに師事し、政治研究に精神分析学の手法を導入したラズウェルは、

政治的リーダーのパーソナリティを次の2つのタイプに分類した。その1は「強迫的性格」（compulsive character）である。強迫的性格のリーダーは、人間関係を処理するに際してもきわめて窮屈で、まるで何かに憑かれたように1つのことに熱中するタイプのリーダーであり、官僚タイプであるとも言われる。他は「劇化的性格」（dramatizing character）である。このタイプのリーダーは自己顕示性が強く、1つの事柄に執着するよりも次から次へと関心が浮動し、義憤にかられた行動や相手を故意に挑発するような行動に出ることも多い。要するに周囲を驚愕させることに関心が集中しているのである。このようなリーダーは煽動家タイプのリーダーであると言えよう（Lasswell, 1948）。

　以上のように、政治的リーダーとして備えるべき資質を指摘したり、あるいはリーダーの心理的分析を試みた業績は数多く掲げることができるが、リーダーシップ研究にはこれとは異なるアプローチもあるのである。

状況アプローチ（situational approach）

　これはリーダーを生み出す状況（situation）に着目する方法である。いかなるリーダーといえども、決して政治的・経済的・社会的な諸条件と無関係に存在しているわけではない。常に特定の具体的な状況の下でリーダーは登場し、任務を遂行していく。それでは、どのような状況がどのようなリーダーを生み出すのであろうか。

　一般に戦争や革命といった危機的状況は、そうした危機を克服するだけの能力・資質を有する強力なリーダーを生み出してきた。例えば、フランス革命とそれに続く対外戦争のためにまさしく国家的危機に直面していたフランスでは、ナポレオンという強力なリーダーが生み出されたし、ロシア革命はレーニン（Lenin）を登場させた。世界大恐慌から第二次世界大戦へと続くアメリカの危機は、アメリカ史上例をみない4選を果たした大統領ルーズヴェルト（Roosevelt, F. D.）を出現させ、イギリスではチャーチル（Churchill, W.）という個性豊かで強力な首相の登場を歓迎した。

　ところが一度危機的状況が終息し、新たな安定を模索する時期や、安定が達成された時代には温厚で着実に物事を処理していくタイプのリーダーが待望さ

56 第 2 章 政治現象と権力

れる傾向がある。例えば、戦争中は持ち前の雄弁とユーモアでイギリス国民を
鼓舞し続け、ついにイギリスを勝利へと導いたチャーチルは、1945 年の総選
挙で敗北して労働党のアトリー（Attlee, C.）に首相の座を明け渡さざるを得な
かった。ここには明らかに政治的・社会的状況の相違が、必要とするリーダー
のタイプを規定していることを読み取ることができるし、またイギリス人の政
治的英知を感じ取ることもできよう。

　こうした立場からすれば、リーダーは一定の社会的状況において、特定の役
割を果たす因子として理解されるのである。

　リーダーの資質を重視するにせよ、またリーダーを取り巻く状況に着目する
にせよ、決してそれだけで十分ではあり得ない。リーダーシップをより総合的
に理解するためには、具体的な状況とリーダーの個性を共に考慮に入れなけれ
ばなるまい。ガースとミルズはリーダーシップ研究に際して留意すべき事項と
して次の諸点を指摘している（Gerth & Mills, 1953）。①1 人の人間としてのリ
ーダーが持つ特性と動機、②大衆がリーダーに対して抱くイメージとリーダー
に従おうとする動機、③リーダーとして演じる役割の特徴、④リーダーとフォ
ロアーがおかれている制度的文脈。これらの点に考慮を払いつつリーダーシッ
プを研究していくべきことを彼らは提起したのである。

　以上の諸問題を前提として、以下においては実際にリーダーシップを分析し
ていく場合には、次のような分析単位に着目していくこととする。まず第 1 は
リーダーとフォロアーがおかれている状況であり、第 2 はリーダーの特性、そ
して第 3 がリーダーとフォロアーによって構成される集団の目標達成能力であ
る。

3　リーダーシップの機能（リーダーの役割行動）

　一般にリーダーとフォロアーによって構成される集団は、集団としての目標
をよりよく達成するためにリーダーに対してさまざまな役割を期待する。ここ
で言うリーダーシップの機能とは、こうしたリーダーに期待される役割行動を

指している。

PM 理論

　社会心理学者の三隅二不二は数多くの実験、調査研究を通じてリーダーシップには「業績への圧力因子」、「計画性の因子」、「集団維持の因子」があることを明らかにした（三隅、1978）。前二者は集団として対処すべき問題を整理し、目標を明らかにしてその目標達成に向けて努力するプロセスとして理解することができる。彼はこれをリーダーの P 行動と規定している。P とは 'performance'（実行・達成などの意）の頭文字である。第 3 の「集団維持の因子」とは集団内部の軋轢を除去して、集団そのものを存続させるプロセスである。彼はこれを「維持」を意味する 'maintenance' の頭文字をとって、リーダーの M 行動と名づけた。

　三隅はこれらの P 行動、M 行動に関してそれぞれいくつかの測定項目を設定し、フォロアーに対してアンケート調査を実施した。例えば P 行動については、リーダーが目標達成のためにどの程度綿密な計画を立て、この計画に基づいて効率的にフォロアーが作業を進めるように督励しているかを調査しており、M 行動に関してはリーダーが集団全体およびフォロアー 1 人ひとりの問題にどの程度心を配っているかを調査している。そして、調査の結果、得点の高い場合を大文字の P、M で、低い場合には小文字の p、m で表示した。これらの組合せによってリーダーは PM 型、Pm 型、pM 型、pm 型の 4 つに分類される。それぞれの型のリーダーの下では、作業能率やフォロアーの満足度に相違があり、その結果は PM＞pM＞Pm＞pm であった。一般にリーダーシップに関しては P に関わる問題が重視されがちであるが、調査結果からみる限り、少なくともわが国では M を軽視することはできないことが明らかとなったのである。

　三隅の研究は主として職場や学校などの小集団における調査に基づいているが、リーダーシップ研究のための一般理論としてもきわめて示唆的である。そこでこうした PM 理論を参考にしながら、より政治学的文脈でリーダーシップの機能を考察してみよう。

58 第2章 政治現象と権力

政治的リーダーシップの機能

　政治的リーダーに期待される役割行動の第1は、状況判断の機能である。リーダーは集団内部の状況を的確に把握しておくことはもとより、リーダーとフォロアーによって構成されている集団が、現在どのような環境の下におかれ、いかなる状況に直面しているのかを正確に判断する必要がある。そのためには集団を取り巻く状況に関する情報をできる限り多量に収集し、そして収集された情報を的確に分析する能力が要求されよう。誤った情報に基づく行動や、またたとえ情報は正確であったとしてもそれを的確に分析する能力が欠如している場合には、集団に取り返しのつかない惨害をもたらす可能性がある。

　第2は集団目標達成の機能である。収集されかつ的確に分析された情報に基づき、リーダーは集団目標を設定し、その目標を達成するための具体的計画を提示しなければならない。すなわち課題とその解決策の提示である。優れたリーダーは集団のメンバーの中に埋没してしまってはならないが、かといって集団メンバーから突出してしまってもいけないのである。集団の解決すべき課題とは、集団メンバーが少なくとも潜在的には解決を期待しているものである必要がある。メンバーの潜在意識の中にすらない課題を唐突に提起したところで、それはメンバーに受け入れられることはないであろう。リーダーは課題を提起するだけではなく、それを解決する具体的方法を提示しなければならない。1つの課題を解決するには、複数の方法が存在していることが一般的である。しかしリーダーは、そうした複数の解決策の中から1つを選択し、それを集団メンバーに提示しなければならない。これが政策であり、政策の立案・決定こそがリーダーに期待される最も重要な機能であると言えよう。さらにリーダーは、こうした課題とその解決策を集団メンバーに納得させる必要があるのである。いかに適切な課題を提起し、かつ優れた解決策を決定したところで、それらが集団メンバーに受け入れられなければ何の意味もないことになる。

　第3は集団の統一維持の機能である。集団が集団目標を達成するためには、当然の前提として集団内部の団結が必要となる。このためリーダーは、さまざまな手段を通じて集団メンバー間の連帯感を促進し、一体感を高め、さらには

集団への帰属意識を強めていくことが要請される。メンバー間の争いは集団の統一にとっては重大な阻害要因であるから、リーダーはできる限りこれを未然に防止するためにもメンバー間の利害調整には配慮しなければならないし、また利害対立が顕在化した場合にはできる限り不公平感を抱かせないようにこれを解決しなければならない。ところで、集団の統一維持は集団そのものにとって重要な問題であることは言うまでもないが、リーダー自身にとっても重大な意味を有していることに注意しなければならない。何故なら、集団内部で紛争が頻発したり、紛争が激化してその解決に手間取ることになれば、リーダーとしての資質に疑問が持たれ、リーダーへの不信感が増大してやがてはリーダーとしての地位を保持することが困難となるからである。したがってリーダーは自分自身のためにも、集団の統一を維持する必要があるのである。

4 政治的リーダーシップの諸類型

それでは、政治的リーダーシップはどのように類型化することができるであろうか。リーダーシップ行動が展開される場である政治社会との関係でリーダーシップのタイプを検討すると、以下のようなタイプが考えられるであろう（高畠、1979）。

伝統的リーダーシップ

伝統的リーダーシップとは伝統的社会に固有のリーダーシップであるが、伝統によって規定されたフォロアーとの距離感がリーダーシップの基礎となっている。伝統的リーダーに期待される役割行動とは伝統の遵守であり、新たな課題を提示することはフォロアーの間でも期待されていないし、リーダーもあえて積極的にこれを行おうとはしないであろう。

代表的（制度的）リーダーシップ

これは近代および現代の比較的安定した政治社会においてみられるタイプのリーダーシップである。こうした社会では「合意による政治」が定着しており、リーダーはフォロアーの代表者によってあらかじめ定められた制度に従っ

て選出される。リーダーはまさしくフォロアーの代表であり、フォロアーの利益がリーダーによって代表されることは、制度的に保障されている。

ところで、社会が安定化するとしだいに人びとの基本的欲求は充足され、失うべきものが増加してくる。失うべきものが増えれば人間の意識はどうしても現状維持的にならざるを得ない。制度的リーダーシップが安定的社会において最も典型的にみられる以上、この制度的リーダーシップは現状維持的なフォロアーの意識に呼応して、保守的となる可能性を包含しているのである。

投機的リーダーシップ

代表的リーダーシップは安定した社会において機能するが、そうした社会の安定性が敗戦や大恐慌などによって崩壊すると、代表的リーダーシップが行き詰まる可能性が生ずる。代表的リーダーシップが行き詰まると、これまで安定的社会で充足されていた利益の実現が困難となる。このため、社会の各方面に欲求不満が堆積するが、こうした不満を投機的手段によって一気に解決すると称して登場するのが、投機的リーダーシップである。社会が混乱し、危機的状況に陥ると日常的な制度を通じては利益の実現が困難となり、一攫千金を夢見る人びとも増えてくるであろう。投機的リーダーシップはこのような人びとにとってはきわめて魅力的に映るのである。

投機的リーダーシップの代表的事例はナチスを率いたヒトラーのリーダーシップであった。第一次世界大戦に敗北して莫大な賠償金を課せられ、さらに世界恐慌の打撃をもろに受けたドイツは、混乱の極みにあったと言えよう。これがヒトラーが急速に政治的地歩を固めた社会的・政治的・経済的背景であった。1928 年の選挙では僅かに得票率は 2.6 ％、獲得議席は 12 であったナチスが、世界恐慌発生後の 1930 年にはそれを 18.3 ％、107 議席と急激に勢力を伸張させたことは、この間の状況を物語っている。ナチスの掲げていたスローガンは「世界観的《柔構造》」(Sontheimer, 1968) と言われる程に体系性を欠如しており、反ヴェルサイユ体制・反自由主義・反議会主義・反マルクス主義・反ユダヤ主義などの「反〜」を重ね合わせていた。ドイツ国民のやり場のない怒りは、これらの「反〜」のいずれかに吸収されていったのである。しかしなが

ら、これらの体系性のない、また相互に矛盾する「反〜」をすべて実現して社会各層の不満を一気に解消することなどできるはずもなく、したがって投機的リーダーシップは永続性を持ち得ないのである。

創造的リーダーシップ

　創造的リーダーシップは、投機的リーダーシップと同様にこれまでの社会が行き詰まった時に出現する。しかしながら、それは従来の価値体系を根本的に変革し、新しい社会を創造することによって打開の方途を見出そうとする点で、投機的リーダーシップとは性格を異にしている。すなわち、創造的リーダーシップは社会革命を遂行するのである。創造的リーダーシップには、新しい社会の創造を体系付ける理論（イデオロギー）が必要とされる。例えば、従来の社会が行き詰まった原因を明らかにする社会理論や、この社会の変革の必然性を論証する歴史理論がそれである。マルクス主義はこの典型的事例である。創造的リーダーには、社会革命を成功に導く戦術家としての才能に加えて、このような理論に精通してそれを自由に駆使し得るだけの能力が必要とされる。新しい社会の創造は一定の理論に基づく科学的変革として位置づけられるため、理論の絶対性が主張され、この理論に反対する者はもとより、これを修正する者も非科学的として退けられることになる。

　ところで、創造的リーダーシップが成功を収め、新しい社会の建設が軌道にのって安定期を迎えると、創造的リーダーシップは代表的リーダーシップに変質していくことになる。

第３章　現代政治社会の形成

第１節　市民革命と市民社会〜リベラル・デモクラシーの生成

　政治現象を研究する場合にはさまざまなアプローチの方法があるが、ここで
は、政治現象が展開される場としての政治社会に焦点を当てて、検討を加えて
いくことにする。われわれが現に暮らしている政治社会は一般に大衆社会と呼
ばれているが、言うまでもなく、この大衆社会は歴史的に形成されてきたもの
であり、突如として出現したものではあり得ない。そこで、現代の大衆社会の
特質や問題状況をよりよく理解するためにも、時代を若干さかのぼって大衆社
会の前段階としての市民社会の問題を検討しなければならない。この市民社会
を生み出したものが市民革命であり、市民社会の特質は市民革命の性格と不可
分の関係にある。

　そこで以下においてはイギリスとフランスの市民革命から論述を進めていく
こととする。政治社会変容のプロセスを検討するに際して、具体的史実を基礎
とするのは当然であるにせよ、個々の歴史的事実関係は多様でありそれらを網
羅的に取り扱うことは到底不可能である。17 世紀半ばに起きたイギリス革命
は先駆的革命であり、また 18 世紀末のフランス革命は最も典型的な市民革命
と言われている。したがってこれら２つの革命を検討することにより、市民革
命の基本的性格を解明していくことにしたい。そしてこの市民革命の基本的性
格が、市民社会の特質を規定しているのである。

1　市民革命の概要

市民革命とは

　中世封建社会においては封建領主がそれぞれの領土・領民を支配し、未だ統一的国民国家は形成されていなかった。こうした封建的割拠状態を克服し、国家としての統一的秩序を生み出していったのが絶対君主の絶対権力であった。かつての封建領主は絶対王政に従属する地方権力に、あるいは絶対君主の宮廷に伺候する宮廷貴族へと転化していった。こうした国民的統一国家の形成という点に着目するならば、絶対王政にはすぐれて近代的な側面を見出すことができる。

　しかしこの絶対王政には君主を頂点とする封建的身分秩序が残存していた。この封建的身分秩序に目を向ける限り、絶対王政には中世的側面がみられ、決して真の近代的性格を具備するものではあり得なかった。絶対王政が持つこの中世的側面を一掃し、真の近代社会を作り出したのが市民革命である。

　市民革命は絶対王政に付随する中世的身分秩序を否定して、市民的・政治的自由を保障する国民主権に基礎を置いた社会の創出を目指し、中世的特質の残滓とも言える封建的な土地所有関係を完全に廃棄して、近代的所有権の確立を目標としていたのである。

イギリス革命（ピューリタン革命期）

　イギリス革命とは、ピューリタン革命と名誉革命を一連の連続した政治変動として捉え、この全プロセスを指している。もとよりピューリタン革命と名誉革命には幾多の相違点があることは否定できないが、これら2つの革命は基本的には国王権力と議会権力との抗争であり、しかも議会側が目指していたものは最終的には議会主権の確立であった。こうした点に着目するならば、名誉革命はピューリタン革命が提起した課題を最終的に解決したとみなすことができるのである。

　イギリスの絶対王政はヘンリー7世（Henry Ⅶ）を始祖とするテューダー王朝期にその基礎が築かれた。このテューダー王朝はエリザベス1世（Elizabeth

64 第3章 現代政治社会の形成

I）を最後に断絶したが、その後姻戚関係にあるスコットランドのジェームズ6世がイングランド国王ジェームズ1世（James I）として開いたステュアート王朝は急速に反動化して議会との関係を悪化させた。

議会は1628年、「権利請願」（Petition of Right）を提出して王権の抑制を試みたが、逆にチャールズ1世（Charles I）は以後1640年に至るまで議会を召集せずに専制政治を展開したのである。国王はスコットランドに起きた反乱を鎮圧するために軍隊を派遣する必要に迫られたが、その戦費を調達することができず、1640年4月13日にやむなく議会を召集した。しかし議会は多年にわたる無議会政治への不満を爆発させたため、国王は同年5月5日にはこれを解散させてしまった（短期議会）。議会は解散したものの、戦費調達の必要性そのものが消滅したわけではなかったので、国王は再度、11月3日に議会を召集せざるを得なかった。この議会は形式的には1653年まで存続したため、これを長期議会という。この長期議会を舞台として国王権力と議会権力との対立は激化し、議会は実質的な議会主権を要求するまでになった。したがって国王が長期議会を召集せざるを得なくなった時期をもって、ピューリタン革命の始期とみなすことができる。

議会との対立関係が抜き差しならないところまで激化した結果、1642年8月、ついに国王は議会に宣戦を布告し、ここに王党派と議会派との間に第1次内乱が始まった。初期の戦況は騎士階級を中心とする王党派に有利であったが、しだいに議会派のクロムウェル（Cromwell, O.）が敬虔で献身的な独立自営農民や手工業者を中心として組織した鉄騎兵の活躍によって反撃に転じていった。やがて第1次内乱は1646年5月に国王が投降して終結したが、この頃から議会派では内部対立が表面化しつつあった。

議会派の内部対立は1648年5月の王党派蜂起（第2次内乱）を短期間で鎮圧した後に生じた、国王処刑問題をめぐって先鋭化した。ロンドンの大商人を中心とする長老派は、絶対王政を否定して議会主権の確立を目指す点では議会派内の他のグループと一致していたが、一方ではできる限り早期に王党派との妥協を図って秩序の回復を求めていた。彼らが確立を目指していた政治体制は制

限君主制であった。これとは対照的に小農民・手工業者・小商人を基盤として議会派軍の下士官・兵士階級に浸透していた平等派は、人民主権論の立場に立ち、より徹底した民主化の実現を要求して国王処刑を主張していた。これら両者の中間的立場にいたのが独立自営農民や中産の商工業者を基盤として議会派軍の幹部を構成していた独立派であった。彼らは当初は長老派と同様に制限王政の実現を望んでいたが、第2次内乱を契機に国王の存在そのものが反革命を誘発するとの認識が強まり、国王処刑に傾いていった。

　軍隊の主導権を掌握する独立派は、国王処刑に反対する長老派議員を武力で追放し（プライドの追放）、1649年1月30日、チャールズ1世は処刑されたのである。

　国王の処刑によってイギリスは共和制の時代に入るが、独立派はアイルランドへの軍隊派遣問題を契機に発生した兵士の反乱を鎮圧する過程で平等派を打倒し、独立派独裁体制を固めた。独立派の独裁とは終身護民総督に就任した独立派指導者クロムウェルの軍事独裁体制でもあり、イギリス政治史上、きわめて特異な政治体制であった。このきわめて特異な政治体制は長続きせず、クロムウェルの死と共に崩壊していった。

イギリス革命（王政復古から名誉革命へ）

　クロムウェルの死後、その子リチャードが護民総督の地位を継承したが、彼には軍隊を掌握する力もまた政治的力量もなかった。そのため議会はフランスに亡命していたチャールズの子をイギリスに呼び戻し、チャールズ2世（Charles Ⅱ）とした。これが王政復古である。この王政復古とは議会が主導的役割を果たした政治変動であり、議会が望んだものは決して絶対王政の復古ではあり得なかった。むしろそれはクロムウェルの軍事独裁体制の下で軽視されていた、「議会の復古」ともいうべきものであったのである。

　しかしながら王政復古後の政情は議会が満足すべきものではなかった。それはチャールズ2世およびその後を継いだジェームズ2世（James Ⅱ）がフランスの絶対王政に心を寄せ、カトリックに傾斜していったためであった。ジェームズ2世の再婚によって王子が誕生すると、これまで議会において対立してい

66 第3章 現代政治社会の形成

たトーリーとホイッグという2つの政治集団が協議し、ジェームズ2世の娘メアリの嫁ぎ先であるオランダのヴィレムに対し、「イギリス人の自由と新教を擁護するため」に武装援助を要請したのである。

ヴィレムはこの要請を受諾し、1688年11月にイギリスに上陸した。ジェームズ軍は内部が混乱してさしたる抵抗もないままにヴィレムはロンドンに入り、ジェームズ2世はフランスに亡命したのである。これを名誉革命という。

1689年2月、議会はヴィレムとメアリに権利宣言を承認させ、2人はウィリアム3世（William Ⅲ）およびメアリ2世（Mary Ⅱ）として即位した。そして同年12月、この権利宣言を改めて法律として発布したものが、「権利章典」（Bill of Rights）である。

イギリス革命後の政治体制を名誉革命体制というが、それは王権の抑制と政治的自由を規定した権利章典、議会による軍隊の統制を規定した軍罰法、さらに王位継承権について定めた王位継承法などを中核としている。これらの諸法律からも明らかなように、名誉革命体制とは議会主権が確立された体制であったのである。すなわち、国王主権という形式を維持しつつも、実質的には議会の政治的役割が大幅に強化され、議会こそが政治的統合の中心に位置づけられたのである。しかし当時のイギリス議会は地主寡頭制議会とも言われるように、民主的議会とは程遠かった。したがって選挙権の拡大によって議会の構成が民主化されて初めて、政治的な国民主権が実現することになる。

フランス革命第1期

フランス革命は変革のスケール、その徹底度という点でもイギリス革命をはるかに凌駕しており、典型的な市民革命と言われている。

ルイ14世（Louis XIV）の時代に絶頂期を迎えたフランスの絶対王政も、その華美な宮廷生活や相次ぐ対外戦争の戦費のために、ルイ16世（Louis XVI）の頃には国家財政が破綻の危機に瀕していた。国家財政の再建のためにはこれまで非課税の特権を与えられていた階級にも税負担を要求せざるを得なくなり、1614年以降閉鎖されていた三部会が召集された。三部会の召集はフランス絶対王政の行き詰まりを象徴しており、フランス革命の幕明けを告げるもの

であった。

　このようにして始まったフランス革命は3つの時期に区分して考えることができる。まず第1期は、絶対王政に対する不満を爆発させた諸勢力が登場し、絶対王政を打倒して立憲王政を実現した時期である。

　1789年5月に召集された三部会は、審議・議決方法をめぐって第1身分（僧侶）・第2身分（貴族）・第3身分（庶民）の意見が対立し、混乱を繰り返していた。そこで第3身分とこれに合流した下級僧侶は独自に国民議会を宣言し、「憲法が制定され……るまでは、議会を放棄」しないことを誓った（テニスコートの誓い）。国王はさらに身分別の会議を命じていたが、しだいに僧侶・貴族階級にも国民議会に合流する者が増え、国王もついにこれを認めざるを得なくなった。同年7月9日、国民議会は憲法制定議会を宣言し、革命への流れは決定的なものとなった。こうした経緯からも明らかなように、絶対王政の下で非課税という特権を享受していた第1身分・第2身分は、その特権を維持するために三部会を利用しようとしたのであるが、第3身分はこうした特権階級の思惑を巧みに活用して絶対王政・旧制度（アンシャン・レジーム）の打破を目指したのである。

　もとより国王はあらゆる局面においてこのような革命への流れを阻止しようと企てた。この国王の企図を打ち破ったのは、1789年7月14日のバスティーユ襲撃、さらに同年10月5日のヴェルサイユ行進にみられる民衆の力であり、またバスティーユ襲撃事件の影響を受けて農村に生じた「大恐怖」の中で立ち上がった農民のエネルギーであった。

　こうした民衆や農民の蜂起の成果は、国民議会における封建制廃止決議（1789年8月4日）、また「旧制度の死亡証明書」とも言われる「人および市民の権利宣言（人権宣言）」（同年8月26日）にみることができる。

　この人権宣言はこれから制定されるはずの憲法の前文として採択されたのである。しかし憲法制定にはまだ多くの時間を要し、ようやく1791年9月3日に至ってその憲法が制定された。この1791年憲法の特色は、二院制議会は特権階級復活の可能性を導くとして一院制の国民立法議会に立法権を与え、行政

権は世襲の国王に委ねる、という立憲君主制にある。しかも立法議会議員の選挙は財産資格に基づく制限選挙・間接選挙であった。明らかにこうした規定は革命に賛同した自由主義的貴族やブルジョアジーの利益に適合したものであった。

　1791年憲法制定の直接的契機となったのは、表面的には革命の成果を受け入れるかのように振る舞っていた国王が、反革命の機会を求めて国外脱出を企てたヴァレンヌ事件（1791年6月20日）であった。ひそかにチュイルリー宮殿を抜け出した国王は王妃と共にパリの東方200キロにあるヴァレンヌで逮捕されパリに連れ戻されたが、この事件を通じて国王の真意が暴露され、民衆の間に反国王感情が高まったのである。そのため、国王との妥協の道を探り革命に終止符を打つことを求めていた人びとは、急いでこの憲法を制定したのである。

　しかしヴァレンヌ事件は対外的にも大きな影響を及ぼした。国王逮捕の報はオーストリア皇帝、プロシア国王の危機感を募らせ、革命フランスへの武力干渉を招いたのである。1792年7月11日、立法議会は「祖国は危機にあり」との宣言を発し、フランス各地から続々と義勇兵がパリに集結した。ロベスピエール（Robespierre）は干渉戦争を革命の危機と捉え、王権を停止して反革命勢力の一掃を訴えた。8月10日、パリに「蜂起のコミューン」が結成され（8月10日の革命）、革命は新たな段階に突入するのである。

フランス革命第2期

　8月10日の革命により王権は停止され、1791年憲法は事実上廃棄された。そこで新たな憲法を制定するため、普通選挙制に基づき国民公会が召集された。国民公会では当初主戦論の立場をとるジロンド派が優勢であったが、戦局の悪化につれて左派の山岳派が勢力を伸ばし、革命裁判所や公安委員会が設置された。8月10日の革命が民衆の蜂起であり、オーストリア皇帝やプロシア国王の反革命的干渉に対する反発から起きたものである以上、国王の処刑も当然の帰結であったと言えよう。1793年1月21日、ルイ16世は断頭台に送られた。

第1節　市民革命と市民社会〜リベラル・デモクラシーの生成　*69*

　1793年6月24日、新たな憲法が採択された。この憲法は「公の救済は1つの神聖な義務である。社会は不幸な市民に労働を与え、または労働することができない人びとの生存の手段を確保することにより、これらの人びとの生計を引き受けなければならない」と規定するなど、きわめて急進的なものであった。国民公会は「フランス政府は平和が到来するまで革命的である」と宣言してこの憲法の実施を延期したが、上に引用した憲法の規定はこの時期の革命の担い手が誰であるかを端的に示していると言えよう。

　本来は臨時行政府を監視する機関であった公安委員会は、しだいに革命を擁護し、反革命を弾圧する機関へと変質していった。この公安委員会によって反革命の嫌疑をかけられた多くの人びとが投獄され、処刑されたのである。1793年末から1794年前半にかけては、まさに「恐怖政治」の時期であった。

　この時期に革命を指導したのがロベスピェールであったが、戦局の好転や国内の反革命派の鎮圧によって危機感が薄らいでくるに従い、ロベスピェールの恐怖政治に対する反感も高まった。また革命の進展によって土地を取得した農民は急速に保守化し、8月10日の革命後の厳しい経済統制はブルジョアジーの不満を掻き立てていた。ロベスピェールを逮捕・処刑した1794年7月27日の「テルミドール9日のクーデタ」は、こうした事情を背景として起きたのである。このクーデタ以後、革命は第3期に移行していく。

フランス革命第3期

　テルミドール9日のクーデタによって支配権を掌握した人びとをテルミドール派というが、彼らは旧制度の解体、封建制廃止など、これまでの革命の過程で利益を得た新興ブルジョアジーや中層以上の農民であった。彼らは革命の成果を維持すると共に革命の行き過ぎを恐れていた。すなわち、彼らは恐怖政治を否定し、かつブルジョア的自由の回復を目指したのである。

　恐怖政治を支えた革命裁判所は廃止され、1795年8月22日には「共和暦3年の憲法」が採択された。この憲法によれば、立法権は法案提出権を持つ五百人会議と法案採択権を有する元老会議に与えられ、議員は納税を要件とする間接制限選挙によって選出された。また行政権は五百人会議が候補者を選び、元

老会議が選出する 5 名の総裁に与えられた。これは明らかに、権限を極度に分散させることによって、独裁の再現を阻止する憲法であった。

　総裁政府は山岳派独裁の復活を恐れていたが、また同時に王党派の復讐をも警戒しなければならなかった。すなわち、これら両派から自由主義的政治体制を、また革命の「成果」を守り抜くことこそが、総裁政府に課せられた使命であったのである。

　しかし現実には総裁政府はしばしば両派の攻撃にさらされ、しばしば危機的状況に陥った。危機に陥った総裁政府が最後に頼りとするものはナポレオンの軍事力であったのである。ところが、総裁政府が軍事力への依存度を強めれば強めるほど、総裁政府自体が弱体化し、ついに 1799 年 11 月 9 日、ナポレオンは軍隊を率いて議場を占拠し、ここにテルミドール体制は終わりを告げた（ブリュメール 18 日のクーデタ）。

　テルミドール体制の解体は同時にフランス革命の終焉でもあった。ブリュメール 18 日のクーデタの後に採択された「共和暦 8 年の憲法」は、ナポレオンを第 1 統領とする 3 名の統領に強大な権限を集中し、ナポレオン独裁への道を開いたのである。

2　市民社会の成立とその特質

　前項で概観したイギリスとフランスの革命からも明らかなように、市民革命とは絶対君主の恣意的な権力の行使に対する異議申し立てであり、絶対権力からの自由を獲得するための闘いであった。この闘いには自由主義的貴族や都市下層民および下層の農民も加わってはいたが、その中心となったのは市民階級（ブルジョアジー）であった。革命のプロセスにおいて、革命をさらに前進させるエネルギーとなったのは絶対王政の下でより苛酷な生活を余儀なくされていた都市下層民や下層の農民ではあったが、革命の真の勝利者は市民階級であり、革命後に成立した政治社会すなわち市民社会における政治の主体は市民階級であった。

第1節　市民革命と市民社会～リベラル・デモクラシーの生成　*71*

　市民階級とは一定の財産を所有する階級であり、彼らはその所有する財産に基づいて教養を身に付けていた名望家層であるとイメージされる。こうした市民階級は絶対王政という共通の敵が存在していた間は都市下層民や下層の農民と共闘していたが、革命に勝利を収め、革命後の政治社会を展望する段階になると両者の利害の不一致が顕在化していった。市民階級は財産を所有しない階級を政治的に疎外し、市民生活への権力の介入をできる限り抑制し、自律的な政治社会を作り出していったのである。

3　市民社会とリベラリズム

　市民革命が権力からの自由を獲得する闘いであったとすれば、当然、市民革命に勝利を得た後の政治社会ではできる限り自由を尊重する体制が築かれねばならない。

私有財産制の尊重

　市民階級にとってこの自由とは何よりもまず、恣意的な権力の行使から財産を守る自由であった。イギリス革命後に採択された「権利章典」は次のように規定する。

　　「大権に名を借り、議会の承認なしに、（議会が）認め、もしくは認むべき
　　　期間よりも長い期間、または（議会が）認め、または認むべき態様と異な
　　　った態様で、王の使用に供するために金銭を徴収することは、違法であ
　　　る」。（高木ほか編、1957）

　またフランスの「人および市民の権利宣言」では、次のように述べられている。

　第2条　あらゆる政治的団結の目的は、人の消滅することのない自然権を保
　　　　　全することである。これらの権利は、自由・所有権・安全および圧制
　　　　　への抵抗である。

　第17条　所有権は一つの神聖で不可侵の権利であるから、何人も適法に確
　　　　　認された公の必要性が明白にそれを要求する場合で、かつ事前の正

72 第3章 現代政治社会の形成

当な補償の条件の下でなければ、これを奪われることがない。（同上）

上の引用から明らかなように、所有権は「神聖で不可侵の権利」として位置づけられ、たとえ課税という形で私有財産の提供が要求される場合であっても、事前に議会の承認を必要とするのであり、また何らかの理由によって私有財産が公共の利益のために犠牲になる場合には、正当な補償がなされなければならないのである。所有権の尊重は財産所有階級にとっては最も重要な自由であり、彼らはこの自由を守るためにこそ、革命に立ち上がったとも言えるのである。

所有権が尊重されるべき重要な価値であるならば、その所有権を他のなにものによっても制約されることなく自由に用いることもまた、尊重されなければならない。絶対王政の下で徐々に経済的実力を蓄えていった市民階級は、絶対権力の軛から解放された後には自由な経済活動を望んでおり、権力が彼らの経済活動に介入することを極度に嫌っていた。

近代経済学の始祖として知られているアダム＝スミス（Smith, A.）は、1759年に公刊されたその著『道徳感情論』において次のように述べている。「各人は、その本性にしたがって、先ず第1に自己のことを考えればよい」。その結果、社会は混乱に陥るのではなく、神の「見えざる手の導きによって、彼の全然意図しない目的を増進する」（Smith, 1759）。スミスが説くところの人間の本性とは利己心すなわち自愛心であり、この人間の本性を自由に発揮させることによって、「彼の全然意図しない目的」すなわち社会全体の福利も実現するのである。ここから導かれるものが、各個人の経済活動に対する国家の介入を否定する「自由放任」（laissez-faire）の思想である。スミスのこうした思想は、絶対王政を支えた重商主義への痛烈な批判でもあったのである。

私的自治の原則

自由放任を前提とする社会においては、政府はどのように認識されるのであろうか。アメリカ独立革命に大きな影響を与えたトーマス＝ペイン（Paine, T.）は『コモン・センス』において次のように述べた。

「社会は、われわれの必要から生まれ、政府は、われわれの悪徳から生まれ

ている。前者は、われわれの愛情を結び合わせることによって積極的に幸福を増進させ、後者は、われわれの悪い行為をおさえることによって、消極的に幸福を増進させる。一方は、交際をすすめ、他方は、差別をつける。社会は、保護者であり、政府は、処罰者である。」(Paine, 1776)。

　人間が人間としての生活を送っていくためには、常に他の人間との何らかの交流が必要であろう。いかに強靱な精神と肉体の持ち主であっても、他者からまったく隔絶された状態で生活することは困難である。アリストテレスの言を待つでもなく、人間は「社会的動物」なのである。

　ペインによれば、社会生活を送る人間がすべて完全に善良な人間であれば政府は必要とされない。しかし現実の人間には多少なりとも邪悪な心が潜んでおり、場合によってはこの邪悪な心が表面化して他人に危害を加えるのである。こうした行為を処罰するためにこそ、政府が必要とされるのである。したがって、「社会は、どんな状態においても、喜ぶべきものであるが、政府は、たとえ最良の状態においてもやむを得ない悪（necessary evil）にすぎない」(Paine, 1776)。

　政府が「やむを得ない悪」（＝「必要悪」）であるとするならば、このような政府の役割は最小限度に限定されなければならない。スミスは 1776 年に著した名著『諸国民の富』において、政府の役割を次の３つに限定した。まず第１は、国民を外敵の侵入から守る防衛、第２は国民が安心して日常生活を送るために必要な司法（今日の警察に該当する）、そして第３は、社会を維持していくためには不可欠ではあるが、経済的に割が合わないために個人では引き受け手がいないような公共の仕事である（Smith, 1776）。後に 19 世紀ドイツの社会主義者ラッサール（Lassalle, F.）はこうした国家を夜警国家として批判したが、市民社会においてはこのような「安価な政府」（cheap government）こそが最良の政府であったのである。

74　第3章　現代政治社会の形成

4　市民社会の政治

立法国家

「人および市民の権利宣言」では、「権利の保障が確保されず、権力の分立が規定されないすべての社会は、憲法をもつものではない」（16条）と述べ、市民社会における政治の基本枠組みを示した。権利保障と権力分立を柱とする憲法を基礎として行われる政治を、立憲主義と言う。

権力分立を前提として、前述のように政府の果たすべき役割がきわめて限定されている市民社会においては、憲法を頂点とした法律を制定する議会が政治の中心となる。政府は議会の制定した法律を誠実に実行に移すことが期待されているのであり、政府の行動は議会によって統制されるべきであるとみなされていた。このような市民社会における国家を立法国家という。

前述のように、イギリスの名誉革命体制において実現したのは立憲君主制であり、国民主権ではなかった。しかし、ここでは議会主権というきわめてイギリス的な観念が発達した。行政権は依然として国王および国王が任命する大臣にあると考えられてはいたが、議会主権という観念が定着するにつれて、国王は議会の信任を得られない人物を大臣に任命することが難しくなった。このような大臣任命システムが慣習として承認された時、議院内閣制が誕生するのである。

制限選挙制

先に示したように、市民革命は決して市民階級のみによって闘われたものではなかった。都市下層民や下層農民は革命をさらに前進させるエネルギー源として、絶対王政を打倒する段階においてはきわめて重要な役割を果たしたことは否定できない。しかし、革命後の政治社会を具体的に構想する段階に入ると両者の利害対立が顕著となり、最終的には市民階級は都市下層民や下層農民を政治的に疎外し、自らの利益に適合した政治社会を作り出したのである。そしてそのための具体的な手段が、財産資格に基づく制限選挙制であった。

財産所有階級である市民からすれば、一定の財産を所有していることは経済

的自立を意味しており、この経済的自立が確保されて初めて、自立した政治的判断を下すことができるのである。経済的に他者に依存している貧者が政治に関与することは、かえって危険なことであった。また国家の政治に参与する権利を行使するには、その当然の前提として納税という国家への義務を果たすべきである。国家への義務を果たしていない者は、国家の政治に参与する権利を主張することはできない。市民階級はこうした論理によって、財産資格に基づく制限選挙制を正当化したのである。

制限選挙制と議会政治

市民社会においては立法国家という言葉が示すように、議会こそが政治の中心であると考えられていた。元来、議会には立法機能の他に国民代表機能、審議の機能、政府監督の機能などが期待されているが、これらはいずれも有権者の間に高度の同質性が確保されている場合に十分に機能すると考えられる。有権者の間に高度の同質性があるからこそ、1選挙区から選出される議員も有権者全体の代表とみなされるのである。部分的利益の代表者によってではなく、全体的利益の代表者によって構成されているが故に、議会の政治的権威も高まるのである。

市民社会において制限選挙制が採用されたことは、一面においては市民革命において共闘した都市下層民や下層農民を政治的に切り捨てたことを意味するが、他面においてはこのように異質な存在を切り捨てることによって、同質性（市民的同質性）が確保されたのである。そしてこの同質性を基盤として立法国家の実体も保障されたのである。

イギリスのバジョット（Bagehot, W.）は1867年に公刊された『イギリス憲政論』において次のように述べている。

「議会政治が可能であるのは、議員の圧倒的多数が本質的に節度を保ち、その意見にいちじるしい相違がなく、また階級的偏見をもっていないという場合だけである。この前提が正しいとするなら、極端に民主的な議会は、議会政治を維持することができない」（Bagehot, 1867）。

バジョットの『イギリス憲政論』が発表された1867年という年は、後述す

76 第3章 現代政治社会の形成

るようにイギリスにおいて初めて労働者に選挙権を賦与する選挙法改正が行われた年であり、上に引用したバジョットの言葉も選挙制度の民主的改革をめぐる論議に関連している。1867年の選挙法改正によって有権者の数は激増し、イギリス政治は大きな転換期にさしかかっていた。労働者階級の政治への参入によって市民的同質性が失われようとしていたのである。バジョットの論述は来るべき大衆社会における議会政治のあり方を暗示していると言えるであろう。

5 市民社会の変容とリベラル・デモクラシー

市民社会の限界

市民革命は絶対王政を打倒することによって、〈自由〉を基調とする市民社会を作り出した。獲得された諸種の自由、すなわち私有財産制の尊重・利潤追求の自由・契約の自由は市民階級の経済的発展を約束していた。市民社会の経済的側面が資本主義社会であり、絶対権力の軛から解放されたブルジョアジーの社会であった。

しかしながら他面において、都市下層民や下層農民は同じく絶対王政からは解放されたものの、彼らは市民社会においても相変わらず政治的無権利状態に放置されていた。イギリスの平等派がパトニ討論において主張し、またフランスでは革命の第2期に一時的に実現された政治的平等は、結果的に無視されたと言ってよいだろう。

ここにわれわれは市民社会の限界を見て取ることができる。市民階級は〈自由〉を重視する一方で、〈平等〉を犠牲にしたのである。根本的には、この自由と平等の両立は容易なことではあるまい。もし真正の自由を主張するのであれば不平等を甘受しなければならないし、また完全な平等を実現する場合には自由を制限せざるを得ないであろう。

産業革命

イギリスでは1760年代から1840年代にかけて、産業革命といわれる大規模

第1節　市民革命と市民社会〜リベラル・デモクラシーの生成　**77**

な経済社会の変革が展開された。産業革命は18世紀半ばの木綿工業を中心とした繊維工業における技術革新から始まり、ワット（Watt, J.）による蒸気機関の改良（1765年）は新しい動力資源の利用を可能とし、生産力の飛躍的拡大をもたらした。こうした生産力の拡大は、これに必要な大量の原材料の確保・製品の輸送手段を要請することになるが、19世紀初頭における蒸気船・蒸気機関車の発明がこうした要請に応えることを可能にしたのである。これらの発明は鉄鋼業をはじめとする重工業の発展を促し、19世紀中葉には産業革命は消費財部門から生産財部門に拡大していくことになった。

　このようにしてかつての工場制手工業（マニュファクチュア）は機械制工業に取って替わられ、資本主義的再生産構造が確立されていった。

農業革命

　18世紀後半における人口の急増は穀物価格の急騰をもたらし、食料増産の必要性を招来させた。このため、イギリス議会は個別立法という形で農業経営の大規模化を支援し、土地の囲い込みを促進した（第2次エンクロージャー）。また農法の改良、土地排水事業や化学肥料の使用などともあいまって、農業生産性は飛躍的に高まった。

　すでに衰退過程にあった独立自営農民は土地を追われ、また農村地域における手工業も上記の機械制工業の出現によって立ち行かなくなっていたため、彼らの多くは都市に流入して賃金労働者になったのである。農業革命による農業生産力の飛躍的発展が産業革命を支えたのであり、農業革命は産業革命の一環として捉えることができるであろう。

リベラル・デモクラシーの誕生

　産業革命を契機とした資本主義経済の飛躍的発展は、大量の労働者を生み出した。農村を追われた人びとは生活の糧を求めて新たに勃興した都市に流入したが、彼らを待っていたものは不衛生で不安定な生活であった。利潤の追求・生産性の向上を最優先させる資本家たちは、子供や女性を含む労働者を苛酷な労働条件の下で酷使した。

　労働者は互いに団結することによって資本家に対抗しようとしたが、政府は

78 第3章 現代政治社会の形成

団結禁止法を制定してこれを弾圧したのである。先に述べたように市民社会とは基本的に自由主義の社会であり、〈平等〉を犠牲にして何よりも〈自由〉を重視していた。労働者が団結して雇用条件を左右することは、契約自由の原則に反することであったのである。

このように悲惨な状態におかれていた労働者の間に、労働者の解放と万人の経済的平等の実現を目指す社会主義思想が徐々に浸透していった。私有財産を「神聖不可侵」とみなすブルジョアジーにとって、私有財産制の廃止を主張する社会主義思想はきわめて危険な思想であった。この危険思想が労働者に浸透することは体制の危機に通じる。したがってブルジョアジーは、これまで体制の外側に放置していた労働者を体制内在化する必要に迫られたのである。

しかし、労働者に〈平等〉の資格を与えて政治社会に参加させることは、〈自由〉を基調とする市民社会の秩序と矛盾しないのであろうか。この問題に関してフランスのトクヴィル（Tocqueville, A. de）は、1835〜1840 年に出版された『アメリカの民主政治』の序論において次のように述べている。

「17 世紀の初めにアメリカに定着するためにでていった移出民たちは、ヨーロッパの古い社会で民主主義原理が闘ったすべての敵から、この原理を幾らか解放した。そして彼等こそがひとり新世界の岸辺にこの原理を移植したのであった。

新世界では、この原理は、自由のうちで成長し、道徳とともに前進し、法律の中で平穏に発展することができた」（Tocqueville, 1835-40）。

ここで語られていることは自由と平等の共存である。ヨーロッパ社会では軽視されてきた平等が、アメリカ社会では自由と共に恐怖政治に陥ることなく発展を遂げていたのであり、ヨーロッパ社会の進むべき道を示唆していた。自由主義と民主主義の共存、すなわちリベラル・デモクラシーの発見であった。

リベラリズムを基調とする市民社会は、大量の労働者の出現、さらには彼らへの社会主義思想の浸透という状況に直面して体制の危機を感じ、労働者を体制内在化するために民主主義的要素を導入することになるのである。マンハイムはこのプロセスを「社会の基本的民主化」の過程と呼んだ（Mannheim, 1935）。

この「基本的民主化」の過程を経て、市民社会は大衆社会に変貌を遂げていくことになる。

1848年にフランスでは二月革命が勃発した。この二月革命後に憲法制定委員に選出されたトクヴィルは、「民主主義と社会主義は異なるばかりではなく、敵対する」と演説した（福田、1972）。自由主義と民主主義の共存可能性を発見したトクヴィルのこの言葉は、リベラル・デモクラシーが社会主義との対抗関係の中で誕生したことを示唆している。そしてこの1848年という年は、マルクスとエングルス（Engels, F.）が『共産党宣言』（Marx/Engels, 1848）を発表した年でもあったのである。

第2節　大衆社会と行政国家の出現

1　選挙権の拡大と行政国家

選挙権の拡大

労働者を体制内在化する手段とは、彼らに選挙権を賦与して政治社会の内部に取り込むことであった。イギリスを例にとって選挙権拡大の歴史を概観してみよう。

イギリスでは伝統的に選挙資格は土地所有者に限定されていた。そのため、フランス革命の急進化に対する反動の時代を経た後、1820年代に入るとようやく議会改革を求める運動が活発化し、1832年に選挙法の改正が実現した。この改正により「10ポンド家屋占有選挙権」が実現し、土地を所有していない中産階級も参政権を獲得した。しかし、この選挙資格は当時の労働者にとっては依然とし

表3-1　イギリスにおける選挙権拡大の歴史

年	選挙民	増加数	増加率
1831	435,391		
1832	652,777	271,386	49%
1866	1,056,659		
1869	1,995,086	938,427	88%
1883	2,618,453		
1885	4,380,540	1,762,087	67%
1915	8,357,648		
1918	21,382,322	13,034,674	156%
1928	22,855,086		
1929	28,858,976	6,003,887	29%

（出所：中村、1972、p.215）

80　第 3 章　現代政治社会の形成

て厳しいものであり、大半の労働者は選挙資格を得ることができなかった。

　労働者の選挙権要求運動はその後、チャーチスト運動として展開されたが、労働者の要求の一端が実現したのは 1867 年の第 2 次選挙法改正においてであった。この改正では都市選挙区において「戸主および 10 ポンド間借り人選挙権」が認められ、都市に居住する労働者に選挙資格が賦与されたのである。労働者の政治参加に対しては根強い抵抗もあり、「暗中飛躍（a leap in the dark）」という言葉はその当時の支配階級の不安感をよく示している。すなわち、労働者に選挙権を認めることは、暗闇の中に飛び込むような勇気を必要としたのである。この選挙法改正の結果、有権者教は 88％ 増、約 2 倍に増加した。

　さらに 1884 年には州選挙区にも都市選挙区と同様の選挙資格が認められ、農村地域に居住する労働者にも選挙権が与えられた。

　女性の参政権要求運動は 19 世紀を通じて展開されてきたが、それが実現したのは第一次世界大戦終結間際の 1918 年であった。この選挙法改正は 21 歳以上の男子普通選挙権を実現し、あわせて一定の財産資格を有する 30 歳以上の女性にも選挙権が認められたのである。こうした選挙資格における男女の不平等が解消されたのは 1928 年のことであった。

　以上のようなプロセスを経て最終的には普通選挙制が実現するのであるが、異質なものを排除した市民社会は、普通選挙制を実現させることによって異質な存在を包含した大衆社会に変容するのである。

行政国家の出現

　ところで、表 3-1 からも明らかなように、選挙法改正以前の有権者教は約 43 万人余りに過ぎなかったが、それは第 3 次選挙法改正後には約 438 万人余にまで増加した。すなわち僅か 50 年程の間に有権者数は 10 倍程度にまで増加したことになる。このように急激な有権者の増加は、必然的に政治社会のあり方にも大きな影響を及ぼさざるを得ないであろう。

　これまで政治的無権利状態に放置されていた労働者に政治参加の機会が与えられるならば、彼らの政治的発言力が相対的に高まることは必然である。したがって、彼らの直面していたさまざまな問題、例えば、劣悪な労働条件、失

業・疾病・老齢化などに伴う貧困問題、不衛生な住宅環境、子弟の教育問題など、これらすべてが政治の解決すべき問題として浮上してくるのである。かつての市民社会における政府の役割は、防衛・司法・最小限度の公共事業に限定されていた。上記の諸問題は政府の関与すべきものではなく、各個人で解決すべき問題であった。しかし今や、これらの問題解決こそが政府に期待されるようになったのである。

　もちろん政府の役割の拡大は労働者の政治参加によってのみ、もたらされたわけではない。資本主義の初期段階においてはスミスのいう神の「見えざる手」に導かれて、経済の自動調節作用が機能していた。資本主義経済に固有の好況・不況の波は周期的なものとみなされ、政府がこうした経済過程に介入する必要はないものと考えられていた。しかしこれは完全競争を前提としており、独占資本主義段階に到達すればこうした自動調節作用は期待できないのである。したがって政府は好況の際には景気の過熱を抑え、不況になれば恐慌に立ち至る前にこれを克服しなければならないのである。

　政府の役割の拡大、換言すれば行政需要の増大は公務員数の増大に端的に現れてくる。イギリスでは、1821年に3万人足らずであった公務員は60年後の1881年には8万人にまで増加し、1928年には102万人、そして1945年には235万人に達したのである。この間の人口の伸びは約3.4倍であったが、公務員数のそれは約86.5倍であった。行政機能の拡大が行政府の量的拡大をもたらし、かつての立法国家は行政国家に変貌を遂げていったのである。

　行政国家の特質は行政機能の拡大にのみあるのではなく、行政権の強化にも求めることができる。現代の政治課題はかつての市民社会的状況下のそれとは比較にならない程に複雑化し、相互連関性を強めている。こうした課題に応えることができるのは、蓄積された膨大なデータを分析し得る専門的知識を備えた官僚（テクノクラート）であり、名望家的議員ではなかった。政策決定過程における議会の地位低下は顕著であり、行政府こそがそれを支配しているのである。

　また激しく変動する現代においては、すべての問題に関して議会が予め細部

82　第3章　現代政治社会の形成

にまでわたって決定しておくことは必ずしも適当とは言えない。議会の決定には通例かなりの時間を要するため、時機に応じた速やかな対応がきわめて困難であるからである。そこで議会は一般原則のみを法律として規定し、それを実際に執行する際の諸問題に関してはその任に当たる行政部に委ねざるを得ない。このような委任立法の増加および自由裁量権の拡大もまた、行政権の強化を示している。

　こうした行政機能の拡大と行政権の強化に特徴づけられる行政国家の出現は、市民社会とは顕著に異なる大衆社会の特質なのである。社会的弱者の要求に体系的に応える国家が福祉国家であるならば、福祉国家とは行政国家を別の角度からみた呼称である。産業革命を契機とした大量の労働者の出現、そしてその結果としての普通選挙制の導入は、消極政治から積極政治へ、立法国家から行政国家へ、そして夜警国家から福祉国家への変容を促したのである。

議会の機能とその形骸化

　現代国家が行政機能の拡大と行政権の強化を特徴とした行政国家として位置付けられるなら、現代国家における議会はいかなる機能を期待され、またその実態はどのような状況なのであろうか。

　本来、議会に期待されている機能には次のようなものがある。

①　国民代表機能

　バークの有名なブリストル演説を待つまでもなく、議会を構成する議員は選挙区の代表ではなく、国民全体の代表である。日本国憲法も「両議院は、全国民を代表する選挙された議員でこれを組織する」（43条①）と規定している。全国を一選挙区とする場合を除いて、実際に議員はそれぞれの選挙区で選出されるが、では選挙区で選出された議員がなぜ「全国民を代表する」とみなされるのであろうか。バークが活躍した18世紀の市民社会においては、前節で述べたように制限選挙制を通じて異質な存在を排除することによって、政治社会には市民的同質性が確保されていた。こうした同質性があるからこそ、どの選挙区から選出された議員であろうと、国民全体を代表するという擬制が成立したのである。

第2節 大衆社会と行政国家の出現 *83*

しかし現代の大衆社会ではこうした同質性は期待できない。前項でみたように、多様な有権者を迎え入れることにより大衆社会が誕生したのである。とすれば、市民社会の時代には有効であった国民代表という機能を議会が十全に果たすことも困難になっていると言えるだろう。

② 立法機能

議会が立法機関であることは言うまでもない。しかしその立法過程を実質的にコントロールしているのは、官僚機構に補佐された行政部である。実際に議会に提出される法案の大半は政府提出法案であり、議会が独自に立案し成立させる法律はきわめて少ないのである。現代の複雑に入り組んだ社会に対応する法案を準備できるのは膨大な情報を蓄積し、それを駆使できるテクノクラートだけであり、議員の多くは党幹部の指示に従って賛否を決するのみである。まさに現代の議会は、法律の登録所に過ぎないとも言えるのである。

③ 審議の機能

議会に期待されている重要な機能は最終的な議決だけではなく、そこに至る過程、すなわち審議の過程である。議決そのものは最終的には多数決による他はないのであるが、少数派といえども審議の過程を通じてさまざまな角度から法案を検討し、少数派の意見を反映させるように努めなければならない。多数派もまた多数決による決着を急ぐのではなく、可能な限り少数派の意見に耳を傾け、議論を尽くす必要があろう。こうしたプロセスを経るからこそ、多数決が尊重されるのである。しかし本書第7章第3節でみるように、大衆社会の下で政党の組織化は進み、またそれに応じて党議拘束も厳格になった。与党は数を頼んでただひたすら審議時間が経過するのを待ち、野党は法案の修正可能性を視野に入れることができず、現実味を欠いた議論に終始する傾向がみられるのである。

④ 政府監視機能

大統領制の下では、議会を構成する議員も、また執行権を担う大統領も主権者である国民の直接選挙によって選出され、互いに牽制しあうことによって両権の均衡が維持されるが、議院内閣制では内閣は議会の信任をその存立の基礎

としている。したがって議会は国民の信託を受け、常に国民に代わって内閣の活動を監視する役割を担っている。この政府監視機能は主として野党に期待されているが、野党には少数党という限界があることは否定できない。しかし野党はさまざまな手段を通じて政府の活動を監視し、政権交代の可能性を追求していくことが重要な役割となる。

近代官僚制の特質と官僚制の逆機能

現代国家の特質である行政国家を支えているものが官僚制である。ウェーバーによれば、近代官僚制は次のような特徴を備えている（Weber, 1922）。第1は合理的分業である。組織のために必要な正規の活動は、一定の方法で職務として配分されなければならない。このような分業によって、配分された職務の範囲と権限が明確となり、専門化が可能となるのである。第2は階統制である。下級機関は上級機関の命令と監督に服する義務を負い、また上級機関はその命令に基づいた下級機関の決定と行動について、対外的には自己のものと同様に責任を負わなければならない。ただし、こうした上下関係は厳密に職務上の行為に限定されるのであり、職務以外の行為についてまでこうした命令権が及ぶものではない。第3は規則主義である。すべての業務は予め制定された規則にしたがって処理されねばならない。第4は文書主義である。すべての業務は、原則として画一化された文書によって処理される。第5は没主観性である。上記の第3および第4の特徴から導かれるものであるが、業務は主観を排して公平無私に処理されなければならない。すなわち、誰が担当しようと、何時処理しようと、また誰に対してであろうと、同一の取扱いが要求されるのである。そして第6が資格任用制（merit system）である。職員の任用には一定の資格試験に合格することが要件とされ、情実任用は排除されなければならない。そして任用後は、資格・身分に応じて一定の俸給が支給され、身分が保障されるのである。この第6の特徴に着目して、近代官僚制は資格制的官僚制とも言われる。

もちろん、官僚制そのものはこうした特徴を有する近代官僚制が成立する以前から存在していた。例えば前近代社会においては、国家そのものが君主の私

的家産と未分化の状態で、君主の統治を補佐していた家臣がいた。これを家産制的官僚制と言う。

　また、市民革命後のイギリスでは議会の有力者によって官吏の任命が左右されるようになった。これは議会の優越性を象徴的に示すものではあるが、そこにみられた任用方法は典型的な情実任用制（patronage system）であった。同様の事例はアメリカにもみられた。第7代大統領のジャクソン（Jackson, A.）は1828年の大統領選挙に勝利を収めた後、通常の理解力のある者であれば当然に官職に就く資格があり、人民の利益に反する官吏を更迭するのは人民固有の権利であると主張した。この結果、人民の信任を獲得した党派が官吏の任命権を行使することになり、選挙で大統領の交代が生じると大幅な官吏の入れ替えが行われたのである。これは、いわゆるジャクソニアン・デモクラシーの具現であり、官吏の特権階級化を防止するという点では有効に機能したとも言える。

　しかし、こうした官吏任用システムが慣例化するにつれて、しだいに官職が選挙の勝者が分け前として勝利に貢献した者に配分する獲物（spoil）と同一視されるようになり、弊害も目立ってきたのである。しかも、このような任用方法が可能であったのは、政府の役割が非常に限定されており、しかもそれが現代と比較して単純であった市民社会の時代であったからである。したがって、大衆社会の到来と共に、また行政国家化の進行と共に、このような猟官制的官僚制（spoils system）も行き詰まりを余儀なくされ、前述の資格制的官僚制に取って替わられるのである。

　近代官僚制（資格制的官僚制）は、ウェーバーの合法的支配の支柱として、合理的・能率的な事務処理を可能とする機構となるはずのものであった。しかし、現実には今日の社会においてさまざまな矛盾が顕著となっている。これを官僚制の逆機能と言う。これらの矛盾は近代官僚制の特徴そのものから生じるものと考えられる。例えば、合理的分業は職務の専門化というプラスの側面をもたらすことは否定できないにせよ、また縄張り意識というマイナス面を生じるのである。明確に自己の権限内の事柄については責任をもって仕事を遂行す

るが、これに他の部署が介入することを拒否し、また自己の権限外の問題に関しては極度に冷淡となる傾向があるのである。現実社会に生起する問題の多くは各官庁の管轄範囲を越えている場合も多いため、この縄張り意識が計り知れない不都合をもたらすのである。

また階統制は権威主義的傾向をもたらす他、忠誠が組織内部に限定されて組織の閉鎖性を生む。規則主義・文書主義は行政事務を客観的に処理するためには有効であるにせよ、特には市民の便宜を無視した事務処理の硬直性を生じるのである。さらに、資格任用制は官吏の身分保障をその内容として含んでいるが、そのため先例に従って大過なく仕事を遂行することに意が注がれ、新たな問題に取り組む意欲を減退させる傾向を生み出すのである。

イギリスの政治学者ラスキ（Laski, H. J.）は、官僚制を「統制権が完全に官吏の手中にあるため、彼らの権力が一般市民の自由を麻痺させている統治形態」（Laski, Bureacracy, in *Encycopedia of Social Sciences* Vol.3, 1930）と規定したが、官僚主義・役人根性・繁文縟礼といった言葉に象徴される官僚制の逆機能は、今日の深刻な問題となっている。ここに行政改革や情報公開、さらにはオンブズマン制度の導入など、行政の民主的コントロールの必要性があるのである。

2 大衆社会の理論

大衆社会が登場した背景や政治的特質は上述の通りであるが、その大衆社会を理論的に捉えるとどのように理解できるのであろうか。

コーンハウザーの大衆社会論

アメリカのコーンハウザー（Kornhauser, W.）は『大衆社会の政治』において、社会がエリートと非エリートによって構成されていることを前提にして両者の関係を軸に社会形態を次のように類型化した。まず一方の軸に非エリートがエリートに接近する可能性を示す。そして他方の軸に非エリートがエリートによって操縦される可能性を表す。このエリートへの接近可能性とは、非エリ

ートがさまざまなルートを通じてエリートになれる可能性を示している。また非エリートの被操縦可能性とは、非エリートがエリートの思うままに操られる可能性を意味している。

　さらにそれぞれの可能性の高低を織り込むと下図のような4類型が示される。

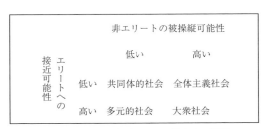

図3-1　コーンハウザーによる社会の4類型

①　共同体的社会

　これは中世的共同体を指しており、エリートとしての資格は伝統的に定められており、いかに優秀な人物であろうとこうした伝統的資格に合致しなければエリートとなることはできない。他方、非エリートは血縁関係や地域共同体に分かちがたく結び付けられているため、エリートといえども非エリートを思いのままに操ることはできないのである。したがってこの共同体的社会とは、エリートへの接近可能性も、また非エリートの被操縦可能性も共に低い社会である。

②　多元的社会

　多元的社会とは資本主義経済の発達に伴って生成された社会であり、非エリートは諸種の自律的集団に所属し、これら諸集団が多元的に共存している社会である。こうした社会ではデモクラシーの進展によって民主的政治制度も整備され、誰でもエリートになる可能性は開かれている。一方の非エリートは自律的集団に属しているため、エリートが被エリートを直接的に動員することは困難である。こうした理由で、多元的社会はエリートへの接近可能性は高いが、

非エリートの被操縦可能性は低い社会である。

③　大衆社会

　多元的社会において有効に活動していた自律的集団がさまざまな要因で解体されると（中間集団無力説）、非エリートはバラバラな原子化された状態で大社会に放り出される。非エリートは自律的集団という防御幕を剝ぎ取られた無防備な状態で巨大な権力の圧力にさらされている。これが大衆社会の大きな特徴であり、大衆社会はまさに「裸の社会」（naked society）なのである。

　こうした大衆社会では形式的には民主的な政治制度が機能しており、エリートへの接近可能性は依然として開かれているものの、非エリートの被操縦可能性も比類なく高まっているのである。

④　全体主義社会

　上記の大衆社会ではエリートへの接近可能性は開かれているが、一方でエリートは非エリートを思いのままに操ることができる。このため、時としてエリートは非エリートを動員して独裁的な権限を手中に収め、エリートへの回路を断ち切ってしまうかも知れない。こうした時に、大衆社会は全体主義社会へと転化するのである。

貴族主義的批判・民主主義的批判

　大衆社会を考察するに際して、その立脚点の相違によって2つの立場に分類することができる。まず、上記の座標軸に従えば、エリートへの接近可能性に着目する立場である。すなわち、この視点からすれば、大衆社会とはこれまでエリートにのみ許されていた領域に、しだいに非エリートが無遠慮に入り込んできた社会である。かつてスペインのオルテガ・イ・ガセット（Ortega y Gasset, J.）は『大衆の反逆』において、こうした状況を貴族主義的立場から大衆社会を鋭く批判したのである。

　これに対して民主主義的批判と呼ばれる立場は、非エリートの被操縦可能性に着目する。すなわち、非エリート（大衆）がエリートによって操られている状況を重視して、大衆社会を全体主義に転化する危険性を内包した社会として批判的に捉えるのである。第一次世界大戦後のドイツ社会でワイマール・デモク

第 2 節　大衆社会と行政国家の出現　*89*

ラシーが脆くも崩壊したことが、この民主主義的批判の根底にあるのである。

3　大衆社会の構造

平準化

　技術革新が資本主義経済の発展に大きく貢献したことは前述の通りであるが、それはまたわれわれの日常生活にも計り知れない影響を及ぼした。1903年にアメリカのフォード（Ford, H.）は自動車会社を創立した。自動車そのものは 18 世紀の後半には蒸気自動車として実用段階に入っていたが、今日のような内燃機関を動力とした自動車が出現したのは 19 世紀の末であった。しかしフォードに関して注目すべきはその生産方法である。彼は徹底した分業に基づく流れ作業を導入し、廉価な自動車の大量生産に成功し、自動車王と呼ばれるようになった。ベルトコンベアを活用した大量生産方式は、フォーディズムとして 20 世紀文明を象徴しているのである。

　大量生産された製品は当然の前提として大量に販売され、大量に消費されなければならない。大量生産・大量販売・大量消費が多くの分野に行きわたるようになれば、多くの人びとが同一規格の製品に囲まれて日常生活を送るようになるだろう。その結果、生活様式の個人差、地域差が失われ、画一化がみられるようになる。これを生活様式の平準化（leveling）という。今日ではチェーン店として世界的規模で展開するファーストフード店やファミリー・レストランを通じて、人間の味覚すらも平準化していると言えよう。この平準化という現象が大衆社会の顕著な構造的特質なのである。

　平準化現象は決して物質生活にのみ関わるものではない。先に示したようにすでに 19 世紀の初めには蒸気機関車が発明されたが、19 世紀末頃には電車が実用化されている。さらに 20 世紀に入ると自動車の普及、航空機の目覚ましい発展がみられた。こうした交通手段の飛躍的発展は生活空間における距離感を著しく縮小し、人間の行動範囲を比類なく拡大する。交通手段が十分に発達していない時代にあっては、大半の人間にとっては生まれた土地が生涯にわた

90 第3章　現代政治社会の形成

る生活の場であった。人間の交流が限られた時代においてはそれぞれの地域に
固有の文化が伝承される。しかし、交通手段が発達し、人間の交流が活発化す
ればする程、固有の文化は失われて、文化の平準化が進行するのである。

　文化の平準化に関しては、マス・メディアの発達が決定的影響を及ぼした。
世界最初のラジオ放送局が開設されたのは 1920 年のアメリカであった。わが
国でも 1925 年に東京地区で正式にラジオ放送が開始され、1928 年には全国放
送網が完成した。この 1928 年の受信契約数は約 50 万であったが、わずか 12
年後の 1940 年には約 500 万にまで増加した。一方、現代人の日常生活に深く
入り込んでいるテレビについては、すでに第二次世界大戦以前にイギリスで実
験放送が行われていたが、本格的な放送が始まったのは戦後のことである。わ
が国では 1953 年に正式放送が開始された。この年の受信契約数は 1500 足らず
であったが、東京オリンピックが開催された 1964 年には 1500 万を突破してい
る。

　こうした爆発的なマス・メディアの発達は、人間生活にいかなる影響を及ぼ
すのであろうか。かつての情報伝達の主たる手段は、パーソナルな伝聞であっ
たり、また新聞・雑誌などであった。もとよりこれらのコミュニケーション手
段が重要な役割を果たしたことは否定できないが、とりわけ新聞・雑誌などは
教育水準や識字率に密接に関連している。これに対してラジオやテレビは音
声・画像を直接的に受け手に伝えるだけに、一層大きな影響を与えるのであ
る。現代人は、ラジオやテレビの提供する準環境に身を置くことにより、現実
に生活している物理的環境を超越することができる。すなわち、今や人間はそ
の居住地域に関わりなく、同じような準環境の中で生活し、同じような情報に
取り囲まれて生活することが可能なのである。同じような環境に身を置き、同
じような情報に接している人びとは、類似した考え方を身に付けることにな
る。ここにも、文化の平準化が進む土壌があるのである。

　このように、さまざまな領域において平準化が進行することによって大衆は
個性を喪失し、ただ単に量としてのみ把握される存在になるのである。

組織化と原子化

　市民社会の時代においては理性的な個人こそが政治の主体であった。財産と教養に裏付けられた市民は、自らの内なる理性に導かれて自己の利益を追求した。彼らの利益は議会において集約され、政府はそれを実行に移したのである。もとより、この時代においても政党は存在したが、それは今日のような組織政党ではなく、せいぜいのところ名望家たちの緩やかな結び付きに過ぎなかったのである。

　産業革命をバネとした資本主義の高度化は巨大企業の出現を促した。さらに現代の行政国家を支えているのも巨大な官僚機構である。このように現代社会は巨大組織の支配する時代であり、政党もまた膨大な有権者を動員するためには組織を整備し、党規律の強化を図らざるを得なかった。こうした組織の時代においては、個人の果たすべき役割は相対的に低下したといえる。巨大組織をその目的にむかって円滑に運営していくためには、ピラミッド的な位階制的構造が不可欠となる。現代人の多くはこうした位階制的組織に組み込まれており、組織の目的を達成するために忠実に回転する歯車の如き役割を期待されているのである。歯車の如き役割を期待された大衆が巨大組織の目的合理性に対して忠実であればあるほど、人間としての本質的合理性を失っていくことになる。チャップリン（Chaplin, C.）が映画『モダン・タイムス』において描いた世界は、こうした現代社会の一断面を鋭くえぐり出している。

　かつて労働には物を創造する喜びがあった。しかし、徹底した分業化に基づく巨大組織の歯車としての労働にはそうした喜びを見出すことはできない。労働という生産の場において喜びを見出すことができない大衆は、消費の場にそれを求めるしか道はないのである。

　ところで、巨大組織の中で歯車の如き役割を期待されている人間がその巨大組織から放り出された時には、バラバラの原子化された状態に陥る。無機質な砂の如き人間関係は大衆社会を象徴しているのである。

　平準化され、原子化された大衆は容易に大衆操作の対象となるが、ここに大衆社会に内包された危険性が潜んでいるのである。

92　第3章　現代政治社会の形成

4　大衆社会の心理

政治的無関心

　今日では世界中の多くの国において普通選挙制が実現している。制限選挙制の時代においては、政治に参加することは1つの特権であった。しかし、普通選挙制の下では原則として一定の年齢に到達したすべての人間は政治に参加する権利が認められる。文字通り、マス・デモクラシーの実現である。ところで、普通選挙制とは、一定の年齢に到達したすべての人間は合理的な政治判断を下すことが可能であり、かつ主体的に政治に対処することを前提としている。しかるに現代では、皮肉なことに多くの人間が政治に対する合理的な関心を喪失しているのである。かつて民衆が完全に政治の客体であった時代には、政治に関心を示さないことは当然の帰結であり、むしろ関心を持つことそのものが禁じられていたのである。こうした時代の無関心を伝統型無関心と呼ぶが、現代型無関心はそれとはまったく異質なものなのである。

　ではそのような無関心層はいかにして生み出されているのであろうか。現代では義務教育が普及し、大衆の知的水準も向上しているはずである。ところが、われわれの眼前に展開される政治現象は、われわれの理解力をはるかに上回るほどに専門化し複雑化している。こうした専門化・複雑化した政治問題を前にして大衆は茫然と立ち尽くし、やがては政治に対する関心を失っていくのである。政治に対する関心度は、政治的決定の場と自己との心理的距離感に反比例すると考えられる。自己の理解力を超えた政治問題が、複雑な政治メカニズムの中で次々と決定されていくならば、政治をどこか遠い世界の問題であるかのようにみなしたとしても不思議ではない。政治の問題は政治のプロに任せておくべき問題で、自分とは無関係であるという意識が醸成されていくのである。こうした政治的有効感覚の喪失が無関心を生み出すのである。

　また、先に述べた大衆社会の構造的特質も無関心層を生み出していると言えよう。徹底した分業体制の下で歯車としての役割を担っている人間は、全体の中のごく一部分にのみ日常的に関わっている。部分にのみ関わる人間は全体像

を見通すことができず、自分に割り当てられた部分と全体像との関連性を理解することができなくなるのである。こうしてでき上がった部分人には、社会全体に関連する政治問題に関心を向ける術もないのである。組織から解放されて1人の人間に戻った時には、彼らはただひたすら私的生活に楽しみを見出すことになる。

マス・メディアが送り出すおびただしい量の情報が、大衆の社会的関心を喚起することに貢献しているのは否定できない。しかし、テレビのワイド・ショーに象徴されるように、マス・メディアの提供する情報はきわめて雑多であり、政治問題をスポーツ、芸能情報などと等置する傾向にある。しかも政治問題を取り上げる場合にも、政治家の私生活や政治問題の裏面暴露といった視聴者の好奇心に訴えることが多いのである。マス・メディアの提供する歴史的・社会的文脈から切り離された断片的な興味本位の情報に接する大衆は、政治問題をスポーツや芸能問題と同様の消費的娯楽として受け止めることはできても、政治に対する体系的な理解を得ることはできないのである。

特定の意図を秘めた強力な煽動的指導者が登場すると、無関心層は無批判的にそれに追随する可能性がある。その意味において、こうした無関心層の拡大は現代政治の当面するきわめて憂慮すべき状況であると言うことができる。

『自由からの逃走』

ドイツに生まれ、ナチス政権の成立した1933年にアメリカに亡命した社会心理学者のフロム（Fromm, E.）は、1941年に『自由からの逃走』を著し、現代人の孤独と不安のメカニズムを次のように分析した。彼によれば、近代化とは第1次的絆からの解放の過程である。ここで言う第1次的絆とは身分や職業などの生まれながらの拘束や地域共同体との分かちがたい結びつきなどを指している。すなわち、近代化とはこれらの絆を断ち切って、人間が自由の領域を拡大していく過程なのである。

ところで、人間が第1次的絆によって完全に拘束されている時代においては、それなりの安定性を保持していた。生まれながらに進むべき道が決まっており選択の余地がないのであれば、自らの生き方について悩んでみても無駄で

94 第3章 現代政治社会の形成

あろう。拘束とは一面においては安定を意味しているのである。

第1次的絆から解放されて自由の領域を拡大していくに従い、この安定性は失われていく。自由の獲得とは安定性の喪失を意味しており、フロムはこうした関係を「自由の発達の弁証法的性格」と呼んだ。

現代とはこの自由の領域が最大限に拡大した時代であり、したがって不安感も最高潮に達した時代である。この不安感に耐えきれなくなった現代人は、一切の自由を投げ捨て、強大な独裁権力の下に身を委ね、独裁者に拘束されることによって安定感を回復しようとするのである。これが「自由からの逃走」であり、史上最も民主的といわれたワイマール体制の下にあったドイツ人がナチス政権を成立させた心理的メカニズムである、と彼は論じた。

『孤独な群集』

このフロムの影響を受けたアメリカの社会学者リースマン（Riesman, D.）は、1950年のその著『孤独な群衆』において、現代人の社会的性格を他者指向型と規定した。

彼は中世封建社会を典型とする停滞的な伝統社会にみられる人間類型を伝統指向型と名付け、その特色は主体的意欲を欠如し、伝統や慣習に服従していくことにあるとした。この伝統的社会の停滞性を内側から切り崩し、近代的組織を主体的に形成してきた人間類型は、内部指向型と呼ばれる。これは近代市民社会に典型的にみられるタイプであり、自らの内在的権威（無意識の良心）を行動の源泉とするのである。

これに対して他者指向型の人間類型は、内在的権威にではなく、同時代人やマスコミ・世論といった「匿名の権威」に同調することをその特徴とする。他者指向型人間にとって「生涯をつうじて変わらないものは、……他者からの信号に細心の注意を払うプロセスそのもの」である。彼は他者と異なる行動をとったり、周囲と違った考え方をすることに不安感を覚え、常に他者の動向を異常なまでに気にするのである。現代の大衆はまさしく「孤独な群衆」なのである。

現代政治とポピュリズム

　ポピュリズム（populism）とは、19世紀末のアメリカで人気を博した人民党（People's Party）の活動にその源流を求めることができるが、ここで取り上げるのは現代大衆社会においてみられる現代型ポピュリズムである。現代型ポピュリズムは大衆迎合主義とも訳されるが、劇場型政治と結び付くことによって大衆社会に特有な現象を引き起こす可能性がある。

　現代型ポピュリズムとは、「『普通の人びと』と『エリート』、『善玉』と『悪玉』、『味方』と『敵』の二元論を前提として、リーダーが『普通の人びと』の一員であることを強調すると同時に、『普通の人びと』の側に立って彼らをリードし、『敵』に向かって闘いを挑む『ヒーロー』の役割を演じてみせる、『劇場型』政治スタイルである」（大嶽、2003）。

　大衆デモクラシーが実体化する前提としては、大衆の積極的かつ主体的な政治参加が必要である。しかし現実には、前述のような政治的無関心が蔓延する大衆社会において、大衆の政治との向き合い方は非合理的・刹那的となりがちである。上に引用したような政治現象はまさに「政治ドラマ」として大衆の好奇心を掻き立て、大衆はこれに熱中して声援を送る。大衆はこの政治ドラマにあたかも出演（参加）しているかのような錯覚に陥ることもあるが、ドラマは舞台の上で展開されているのであり、大衆は客席でそれに声援を送る観客に過ぎないのである。大衆は政治ドラマの大きな渦に巻き込まれ、包摂されているとは言えるが、参加とは次元を異にしているのである。

　しかし政治的意図を秘めたエリートは、熱気に包まれた大衆のこうした心理を巧みに利用して、彼らを容易に動員するのである。こうしたポピュリズムは現代政治の内包する危険性の1つであると言えよう。

第4章　民主主義の諸理論

　17世紀に主権国家が誕生して以来、政治の中心的アクターであり続けてきたのは国家であった。第二次世界大戦以降、主権国家による国際秩序を超えようとするヨーロッパ統合が行われてきた。加えて、グローバル化の進展によって、国家の役割の低下が叫ばれるようになった。しかしながら、今もなお国家は政治の中心に位置し続けている。

　本章では、国家の基本的枠組みを提供する政治体制について、民主主義の諸理論を基に議論を展開していく。アメリカ独立革命に代表される時期から、世界では、断続的に民主主義に立脚した国家が誕生していき、1974年にポルトガルで革命が発生したことによって独裁が打倒されることをきっかけに、世界で民主化の流れが加速していくかのようにみられていた。読者の多くも民主主義に立脚した国家、すなわち民主主義体制を所与のものとして政治を考えるのではないだろうか。そこで、まず民主主義体制とは、どのような政治体制を指すものなのかを明らかにしていく。次に、世界を席巻するかにみえた民主主義体制が必ずしも絶対的なものとはなっていないことを示す。その際には、民主主義体制との比較の中で、権威主義体制とは何かを考えていく。民主主義体制と権威主義体制をキーワードに世界各国の政治体制を考える基礎を提供することが本章の目的となる。

第1節　民主主義の諸理論

　「民主主義」という言葉は、日常的に耳なじみのある言葉でありながらもその内実が何を指すのかという点については、必ずしも明確になっていないことが多いのではないだろうか。例えば、自由を重視する立場から民主主義を語る

者たちもいれば、平等を重視する立場から民主主義を語る者もいるだろう。いずれの立場にしても、民主主義という言葉の中に、自身の価値観や政治信条を込めながら議論を展開している。もちろん、政治哲学や政治思想の観点から、民主主義の在り方を、精緻に研究するものもある。

しかしながら、ここでは、民主主義をある制度を備えた体制として捉える立場を採る。この立場にしたがって、以下では、3人の民主主義論を提示していく。

1 シュンペーターの民主主義論

民主主義を制度として捉える上で、重要な業績を残した人物にシュンペーター（Schumpeter, J. A.）が挙げられる。彼は、1942年に出版された『資本主義、社会主義、民主主義』の中で、18世紀までの哲学において想定された民主主義は、人民が自らの意思を実現するために、代表者を選ぶことによって支えられていると指摘した。このいわば古典的ともいえる民主主義で想定されていた人民とは、自律的に判断を下すことができる合理的な人物であり、その役割を期待されていた人々であった。

エリート民主主義

前章でみたように、ヨーロッパで展開された市民革命によって誕生した市民社会において、政治を支えたのは市民階級であった。例えば、イギリスであれ、フランスであれ、市民社会を構築していった国において、選挙という方法で政治参加ができたのは市民階級であった。市民は、財産を有するがゆえに、十分な教育を受けられる層であり、その教育に裏打ちされた行動が期待されていた。財産と教養に基礎づけられた市民階級が主体の社会が選挙権の拡大と共に変化したことによって、民主主義の在り方も変化してきた。

選挙権の拡大により、大衆が政治参加できるようになると、政治において役割分担が進んだとシュンペーターは考えた。それは、政治的エリートこそがさまざまな問題を解決するための決定作成を行い、大衆は決定作成を行うエリー

トを選出するに過ぎないとするものであった。ここで描かれる大衆とは、必ずしも十分な教育水準を備えているわけではないために、合理的な判断を下すことが難しいとするものであった。ゆえに、シュンペーターによる民主主義理論の第1の特徴は、大衆の役割を軽視するとともに、エリートの役割を評価する「エリート民主主義」であるという点になる。

競合的民主主義

シュンペーターの民主主義理論は、エリート民主主義であると評価するだけではない、もう1つの側面がある。彼の民主主義に対する分析の目的には、民主主義体制と非民主主義体制とを区別する基準を示すことにあった。その基準こそが競合的闘争が行われているか否かであった。この闘争が指すのは選挙であるが、単に選挙が行われているだけでは、民主主義体制が確立しているとはいえない。ただ選挙が実施されているだけではなく、候補者同士が自らの主張を戦わせて、人びとからの支持を求めて競争することができる環境が整っていることにより民主主義体制が支えられる。シュンペーターの著書が発表された時代には、ソ連のように選挙自体が実施されていたとしても、支配政党である共産党と主張を戦わせる候補者の存在は許されていなかった国もあった。形式的に選挙を行っているに過ぎない国は、彼に言わせれば非民主主義体制ということになる。このようにシュンペーターは、「競合的闘争」という観点から民主主義を説明した。前述のエリート民主主義という点も含めて、「競合的エリート民主主義」というのがシュンペーターの議論の骨子となるものである。

2　ダールの民主主義理論

シュンペーターの民主主義理論における競合性に着目しつつ、議論を発展させた人物として、ダール（Dahl, R. A.）が挙げられる。彼は、1971年に出版された『ポリアーキー』の中で、民主主義という用語の持つ理念的な側面と現実世界に存在する（してきた）民主的な政治体制とを峻別するために、「ポリアーキー」という造語を示した。つまりポリアーキーとは、「かなりの程度民主

化され、かつ自由化された政治体制（傍点は筆者による）」（Dahl, 1971）を指している。彼の議論を、シュンペーターとの共通点という観点でみると、民主主義を制度として捉えながら議論を展開しようとしていることが伺える。

ポリアーキーをもたらす制度的保障

　では、ダールがポリアーキーの実現にとって必要であると考えたのはいかなるものであったのか。ポリアーキーとは、さまざまな諸制度の積み重ねによって構成されるものであり、以下の8つの要素が制度的に保障されていなければならない（Dahl, 1971）。

① 　組織を形成し、参加する自由
② 　表現の自由
③ 　投票の権利
④ 　公職の被選出権
⑤ 　政治指導者が、民衆の支持を求めて競争する権利
⑥ 　多様な情報源
⑦ 　自由かつ公正な選挙
⑧ 　政府の政策を、投票あるいはその他の要求の表現に基づかせる諸制度

　現代の日本においても、上記の8要素は、さまざまな制度で保障されている。例えば、①、②に関しては、主として憲法上の権利である集会・結社の自由、表現の自由として知られている。③に関しても、18歳以上の国民であれば、あまねく投票する権利が認められている。④に関しても、公務員の多くは、資格試験を突破して、その職を得ることができるほか、選挙という手続きを経ることによって就くことができる職もある。言い換えれば、身分や財産の多寡を問わずに、誰でも自身の力で、その地位をつかみ取ることが可能となっている。⑤に関しては、例えば、選挙に際して、主張を異にする政党同士や候補者同士が自由に争えることが求められており、多くの場合、そのような事態が実現されている。⑥に関しては、国民が合理的な判断を下すにあたって、さまざまな情報を比較検討することが可能かを示している。単一の情報源しか持たない場合、そこから得られた情報が正しいものなのか否かという判断が困難

100　第4章　民主主義の諸理論

になってしまう。したがって、複数の情報源へのアクセスが可能であるということは、情報の真贋を確かめ、その情報を基にした判断を下す上で、重要となってくる。⑦に関しては、これまでの①〜⑥の要素を総合したかたちで理解することが求められる。シュンペーターも指摘したように、単なる選挙の実施という形式的なことに惑わされることなく、実際に広範な自由が認められた上で、競合的な選挙を行うことが可能かを判断する必要がある。その意味で、①や②の自由はもちろんのこと、③や④のように恣意的な条件で政治参加が妨げられていないこと、⑤や⑥のように、多様な情報を基にして、自身の意思を反映させることができる候補者がいるかを考えなければならない。そして最後の⑧に関しては、政策決定者の応答性ということができる。政府というのは、議院内閣制であれ大統領制であれ、選挙という洗礼を受けて形成されるものであり、国民の意思がどのように示されたのかを意味している。もし、国民の意思を無視した政策決定が続くようであれば、次回の選挙で落選するという状況に陥ることが予想される。したがって、国民の利益の代弁者として行動することが政府に求められる。

政治体制と２つの指標

　これまで挙げた８つの要素は、何も単一の制度のみによって保障されるわけではなく、憲法や法律、慣習など複合的なものによって支えられることが必要になる。このような要素を１つ１つ検討することで、その国においてポリアーキーが実現しているかを測ることも可能であるが、より一般化することで、各国の政治体制を比較することができる指標が提示されている。

　図4-1では、4つの政治体制とその違いを示す２つの指標が表されている。まず公的異議申立ての次元は、政府の政策決定に対して、反対の声を上げることが許容されているかを示している。何らかのかたちで、反対の声が上げられないように抑圧されている場合、自由化の度合いは低いものとして判断される。包括性の次元は、どれだけ多くの人に政治参加が認められているかを表す。財産の多寡や身分によって参加が制限されている場合、包括性は低いとされる。そして、この２つの次元が高度に満たされた政治体制こそがポリアーキ

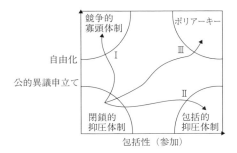

図 4-1 政治体制の 4 つの次元と 2 つの指標
出典：Dahl, 1991：高島直敏ほか訳、1981、p.11

ーとなる。シュンペーターが選挙の競合性によって、民主主義を定義したことは前述した通りであるが、ダールによれば、たとえ選挙で反対の声を上げることができようとも、選挙に参加できる人びとが限定されていれば、それは民主的ではない。

歴史的にみれば、絶対王政下にある国においては、国王の統治に対して反対することは認められておらず、政治に参加する人びともきわめて限定的であった。第 3 章で説明したイギリスやフランスの絶対王政は、閉鎖的抑圧体制として評価することが可能である。

イギリスでは、この閉鎖的抑圧体制がピューリタン革命と名誉革命によって打破されたことにより、新たな政治体制が築かれることになった。そこでは、議会を中心にした政治が展開されるようになり、トーリーとホイッグという政党の萌芽的存在が競争を行うことで、統治の中心となっていった。もちろん、当時の有権者は、トーリーとホイッグのどちらに投票することも可能であったことを踏まえると、新たな政治体制下では、公的異議申立ての可能性が高まり、自由化が進んだのであった。しかしながら、一方でトーリーとホイッグによる競合が行われたが、他方で議員になることも選挙で投票することもきわめて限られた社会階層に限定されていた。つまり、包括性が低いという問題を抱えたままであったのが名誉革命後のイギリスであった。自由化の進展と包括性の低さを兼ね備えた当時のイギリスは、競争的寡頭体制として位置づけること

102 第4章 民主主義の諸理論

ができる。

　自由化と包括性の次元でいえば、名誉革命後のイギリスとは反対の政治体制を経験した国もある。例えば、ナチスが政権を獲得してからのドイツにおいても、男性と女性は一定の年齢に達すれば選挙に参加することができる普通選挙が保障されていた。包括性でいえば、広範に参加が認められるようになっていたと言える。しかし、ナチスは政権獲得後に、他の政党の非合法化を進めたことにより、選挙が実施されても国民に、自身の反対の声を伝えるための政党や候補者は与えられておらず、自由化がきわめて制限される状況となった。この時代のドイツは、包括的抑圧体制として機能していたと言える。

　ダールの議論は、ポリアーキーを実現しているか否か、言い換えれば民主主義体制と非民主主義体制の境界線を明らかにするものとして捉えることができることに、その特徴がある。シュンペーターの議論を活かしながらも、より厳密に民主主義体制を定義し直そうとした点に、民主主義研究への貢献がある。加えて、ダールのポリアーキーは、民主化の経路を示唆する研究として理解することもできる。現在ポリアーキーを実現している国の多くは、それぞれ独自の民主化の経路をたどってきており、決して単線的に現在へと至っているわけではない。その意味において、各国がどのような経路をたどってポリアーキーへと至ったのかを考える上でも、ダールの議論は非常に示唆に富むものとなっている。

3　レイプハルトの民主主義論

　これまでシュンペーターとダールの民主主義理論をみてきたが、彼らは共に、民主主義体制と非民主主義体制を分ける基準は何なのかということを検討してきた。ここでは、レイプハルト（Lijphart, A.）の議論を参考にして民主主義体制の多様性について説明していく。彼は、民主主義体制の理念型として2つのモデルを示した。1つ目が多数代表型民主主義である。これは別名ウエストミンスター型民主主義とも呼ばれているように、イギリスの民主主義体制が

第1節　民主主義の諸理論　*103*

表 4-1　2 つの民主主義モデルを分ける 10 の変数

政府・政党次元	
多数代表型民主主義	コンセンサス型民主主義
執政権の集中	執政権の共有
圧倒的権力をもつ執政府・議会関係	均衡した執政府・議会関係
二大政党制	多党制
単純多数性	比例代表制
多元主義的利益媒介システム	「コーポラティズム的」利益媒介システム

連邦制次元	
多数代表型民主主義	コンセンサス型民主主義
単一国家で中央集権的政府	連邦制的・地方分権的政府
一院制議会への立法権の集中	二院制議会での立法権の分割
軟性憲法	硬性憲法
立法活動に関し議会が最終権限をもつシステム	最高裁または憲法裁判所に違憲審査があるシステム
政府に依存した中央銀行	独立した中央銀行

(出典：Lijphart, 2012：粕谷ほか訳、2014、p.3)

基礎となって構築されたものである。2 つ目がコンセンサス型民主主義である。これはレイプハルトの出身国であるオランダを念頭に構築されたものである。2 つの民主主義モデルは、10 個の変数から構成されており、それぞれの制度の集積として理解される。レイプハルトが示した変数は表 4-1 のようにまとめられる。これら 10 個の変数は、政府・政党次元と連邦制次元とに分割することが可能である。

政府・政党次元

　政府・政党に分類される 1 つ目の変数は、政権形態である。多数代表型民主主義では、執政権が集中することに、その特徴が存在している。これは 1 つの政党により政権が構成される単独政権を意味している。単独政権を形成する場合、執政権は 1 つの政党に集中する。他方で、複数政党によって連立政権が形成される場合、連立を構成している政党間で執政権が共有される。

　2 つ目の変数は、執政府と議会のパワーバランスについてである。イギリスに代表されるように、執政府の優越によって、議会がコントロールされている

国も存在する。議院内閣制を採用する国においては、議会の多数派から首相が選出される。この議会多数派が単独の政党によって形成されていると執政府が強力になりやすい。なぜならば、首相に選出されるのは、ほとんどの場合、議会多数派を獲得している政党の党首である。首相を務める人物は、同時に政党の党首として、自党の所属議員の行動を左右することが可能になる。政党を通して、議会多数派の行動をコントロールすることにより、首相として執政府を率い、党首として議会多数派を率いることができる。もちろん、党首が所属議員をどの程度コントロールすることができるかについては、党の組織構造や権限配分の問題も考慮にいれなければならない。党首が選挙における公認権や政治資金の配分、人事権などを握っていると影響力も大きくなると考えられる。また、大統領制を採用する国においては、大統領に広範な権限が認められているかという点が議会に及ぼす影響の強さを測るバロメーターとなる。

　3つ目の変数は、政党システムについてである。二大政党制とは主要な2つの政党が政権獲得を目指して競合を行うシステムである。二大政党制では、ほとんどの場合で競合に勝利した政党に権力が集中することになる。他方で多党制の場合、特定の一党が単独で政権を獲得するレベルの勝利を収めることは困難であり、複数の政党で権力を共有することが常態化する。したがって、どのような政党システムが形成されているのかが、民主主義のモデルを分ける基準の1つとなる。

　4つ目の変数は、選挙制度についてである。小選挙区制は、1つの選挙区から1人の当選者しか生み出さない制度である。その1人の当選者を決めるための仕組みが単純多数制である。これは、複数の候補者が立候補していた場合、最も票を集めた人物が当選することを意味している。これらの制度は、大政党に有利であることが知られている。そのため、選挙では勝利の可能性が高い大政党の候補者に票が集まることで、二大政党制の形成を促進する効果があるといわれている。他方で、比例代表制は、得られた票数に応じて議席が分配されるため、たとえ弱小政党であろうとも、一定程度の議席を得る可能性が担保されている。したがって、さまざまな政党へと議席が配分されることで多党制を

導くと指摘されている。

　5つ目の変数は、利益媒介システムについてである。これは、国民の利益がどのように政策決定過程に反映されるのかを表している。多元主義的利益媒介システムにおいては、多種多様な利益団体が存在しており、その利益団体が自由に活動することによって、自らの利益を政策過程にインプットしようとする社会を想定している。これら利益団体は、利益の実現のために政党や政治家に働きかけを行っており、常にそのほかの団体との競争の中で、どれだけの影響力を発揮できるかが問われている。もし十分な影響力を行使した対象である政党が選挙で勝利した場合、利益団体は多くを得ることになる。まさに勝つか負けるかによって、利益を得ることができるのかできないのかが決定されるシステムが多元主義的利益媒介システムなのである。

　「コーポラティズム的」利益媒介システムでは、多元主義の競争原理とは異なり、複数のアクター間での協調を志向する。代表的なコーポラティズムのかたちは、労働組合というピラミッド構造の代表者、経営者団体というピラミッド構造の代表者、政府の代表者によって政策決定が行われるものである。ここでは、どこか特定の代表者に権力を集中させるのではなく、それぞれの代表者による妥協や協調によって1つの決定を練り上げていく。すなわち複数のアクターに権力が共有されているとみることができる。

　これまでみてきた変数のうち、選挙制度と政党システムと政権形態は強い関係性を持つことが指摘されている。次章で述べることになるが、小選挙区制は二大政党制を促進し、比例代表制は多党制を促進するという関係性である。また、二大政党制は単独政権へとつながり、多党制は連立政権へとつながりやすいことが示されている。これは、選挙制度が政党システムに影響を与え、政党システムが政権形態へと影響を与えていることを示唆するものである。レイプハルトもこの3つの変数が2つの民主主義をそれぞれ強く特徴づけるものであると主張している。

連邦制次元

　連邦制次元の1つ目は、国家構造についてである。単一国家であり集権的で

あるか、連邦制的で地方分権的かということは、地方にどれだけ権限が認められているかを表している。アメリカのような連邦制国家であり、各州に広範な権限が認められている場合は、コンセンサス型民主主義の要素を備えていると言える。他方で、日本のように都道府県にあまり権限が与えられておらず、中央政府に権限が集中している場合は、多数代表型民主主義に近いと評価できる。

　2つ目の変数は、立法権についてである。両院を設置して、上院と下院も共に対等なかたちで立法権を有している場合、コンセンサス型民主主義の要素を備えていると言える。また、両院の議員が異なる母体を代表していると、より強いかたちでコンセンサス型民主主義へと振れる。つまり、両院やさまざまな社会集団に立法権が共有されていることを示している。一方で、一院制の議会に立法権が認められていたり、二院制であっても下院の優越が認められている場合は、多数代表型民主主義の特徴を備えていると言える。

　3つ目の変数は、憲法改正の手続きについてである。軟性憲法とは、憲法改正の手続きが他の一般法と同じ手続きであることを指す。硬性憲法は、一般法の成立よりも高いハードルを課すことになるが、どのような基準が設けられているかは、国によって異なる。例えば、議会で3分の2の賛成が必要というケースもあれば、国民投票が必要というケースもあろう。また、日本のように、これらのハイブリッドを要件としていることもある。硬性憲法の場合、より多くのアクターの賛同が求められるため、憲法改正の権限は、さまざまなアクターに共有されているとみることができる。他方の軟性憲法は、相対的に低い要件で憲法改正が可能なため、権限は議会多数派に集中していると言える。

　4つ目の変数は、違憲審査権についてである。多くの民主主義国家において、立法を司るのは議会である。それでは、ひとたび成立した法律は絶対的なものなのだろうか。立法活動に議会が最終的な権限を持つ場合は、まさに成立した法律は絶対的なものとして効力を持ち続ける。しかし、違憲審査権が認められている場合は、議会が作成した法律の妥当性について、それが憲法に適合的か否かを裁判所が判断できる。もし、成立した法律が憲法に適合しなければ、そ

の効力は停止される。したがって、立法活動に対して、議会だけではなく、裁判所も共に権力を共有していると言える。

　5つ目の変数は、中央銀行制度についてである。レイプハルトは、中央銀行総裁の任命と任期、政策形成、中央銀行の目的、融資に関する規定によって算出されるクッカーマン指数を用いることで、中央銀行の独立性を測定した。中央銀行の独立性が損なわれていると、独自の金融政策を実行することが困難となり、政府からの影響に晒されることになる。結果として、政府に経済政策全般に関する権力を集中させることになる。他方で、独立性の高い中央銀行は金融政策を実行し、政府が財政政策を実行することで、経済政策の権限を共有することができる。

　政府・政党次元に関する5つの変数も連邦制次元に関する5つの変数も2つの民主主義のモデルを規定する重要な視点が存在する。多数代表型民主主義は、なるべく少数のアクターに権力を集中させようとするのに対して、コンセンサス型民主主義は、なるべく多くのアクターで権力を共有しようとするところにその特徴がある。10個の変数は、あくまでも2つの民主主義の両極を示しているものであり、1つ1つの変数は、これまで紹介したどちらかの二者択一を迫るものではない。実際には、その両極の中間点やどちらかに寄っていることもあると理解するのが肝要であろう。レイプハルトの民主主義理論は、民主主義体制の多様性を示すとともに、どのような制度に着目して民主主義体制を分析すればよいのかという見取り図を提供している点が優れた業績であると言える。

第2節　民主主義の後退

　各国が民主主義体制へと移行していく流れは、歴史的にみて3度の波があったと言われている。第1の波は1828年から1926年にかけて、第2の波は、1943年から1962年にかけて、そして第3の波は、1974年から1990年代にかけてである。例えば、第1の波の時期にはアメリカ独立革命が、第2の波の時

108 第4章 民主主義の諸理論

期には第二次世界大戦の敗戦に伴う日本とドイツの復興が、第3の波の時期には ポルトガルでの革命が起こったように、それぞれの時期で、政治体制の変動がみられた。もちろん民主主義体制へと移行する政治変動は、ここに挙げた国のみに限定されたものではない。多くの国で民主化が行われた結果、世界が民主主義に覆われるかのように思われた。しかしながら、世界には非民主主義体制の国が存在し続けてきたし、「民主主義の後退」ないしは「権威主義化の第三の波」とも言われる現象が生じてきた。

そこで本節では、非民主主義体制の1つとして権威主義体制とは何かを明らかにする。

1　権威主義体制の特徴

全体主義体制

民主主義体制にバリエーションがあることを示してきたように、非民主主義体制にもバリエーションが存在する。権威主義体制はもちろんのこと、第二次世界大戦中のドイツやイタリアに代表される全体主義体制もその1つである。政治体制に関する議論を提起した人物として代表的なのがリンス（Linz, J. J.）である。彼は、全体主義体制を説明するために①多元性、②動員、③イデオロギーを指摘した。

全体主義体制下では、いかにさまざまなアクターが存在して多元的であっても、その活動が強固な権力中枢によって認められたものでなければならない。したがって、多元的な社会であるかのようにみえても、強固な権力中枢から派生したものであり、実際には、自由が制限されている。また、「政治的、集団的な社会活動に対する市民参加と積極的な動員が奨励され、要請され、報酬で報いられ、単一政党と多くの一枚岩的第二次集団を通して誘導される」（Linz, 2000）のが特徴である。権力中枢にいる者は、排他的で自律的な、イデオロギーを有している。そしてそのイデオロギーを実現する媒体として政党などの諸集団が位置付けられる。社会のさまざまなアクターは、このイデオロギーの実

現に向けて邁進しなければならず、もしこのイデオロギーに背反するならば、何らかの制裁を受けることになる。

　この概念は、ヒトラーやムッソリーニが権力を握っていた時代の、それぞれの国を説明するには一定の説得力を持っていたと言える。しかしながら、全体主義体制を当てはめることが適当な事例がほとんどなくなってしまった結果、現在では、民主主義体制の対になる概念として権威主義体制が理解されている。

権威主義体制

　権威主義体制を定義づけようとした人物としては、先に挙げたリンスが知られている。リンスは、民主主義体制と全体主義体制の中間として権威主義体制を位置づけようと試みた。彼が示した全体主義体制の特徴のうち、多元性、動員、イデオロギーの観点は、権威主義体制の説明にも援用されている。

　権威主義体制では、政治的多元性が制約されている。司法やメディアの独立性に干渉することで、権力中枢にいる者の意向を周知しようと試みる。しかしながら、権力中枢にいる者は、必ずしも特定のイデオロギーをもつものではない。明瞭なイデオロギーに沿った行動をとるよりも、いかに効果的に統治を行うことが可能かを判断する。その意味で、一定の精神的な指針を持つとも言える。全体主義体制とは異なり、政治的動員には消極的であり、人びとにあまり政治に関心を持ってもらわないことを志向するかのようである。

　統治にあたっては、政党や軍部を基礎にした集団的支配を行うこともあれば、個人に依存する支配を行うこともある。いずれの支配にしても特定の指導者ないし集団が統治のために掲げた原理こそが至高のものであり、そこに反対するには困難が生じる。また、政党であれ軍部であれ、あるいは個人であろうとも、権力分立の意識は低く、法の支配よりも属人的な支配が先行することも特徴と言える。

　リンスの権威主義体制論は、全体主義体制との連続線上で説明されることもあり、必ずしも明確な違いを示すことができるとは限らない。また、近年では、民主主義体制を採る国が、憲法改正などの制度変更によって、徐々に民主

主義を後退させて、権威主義体制へと至っている国があることも考慮すると、同体制が民主主義体制と断絶したものであるということも困難である。したがって、権威主義体制は、全体主義体制とも民主主義体制とも接続可能となっており、両体制の狭間にあるものと評価することができる。

2 権威主義体制への過程

世界の民主主義の状況を調査した2024年のV-Demレポートによれば、近年、閉鎖的な権威主義体制を採用する国は僅かながらも増加する傾向にある。他方で、選挙という手続きを経ながら権威主義体制を維持している国も、長期的な傾向としては増加がみられる。その結果、権威主義体制下で暮らす人びとの数は、明確にかつ大幅に伸長していることが分かる。

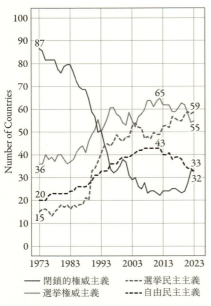

図4-2 権威主義体制と民主主義体制を採用する国
（出典：V-Dem, 2024）

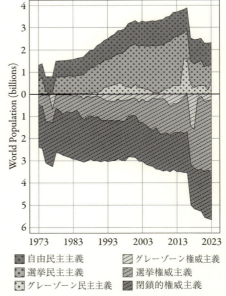

図4-3 権威主義体制と民主主義体制下に暮らす人々の数
（出典：V-Dem, 2024）

権威主義体制への兆候

　民主主義体制を採る国がある日突然クーデタによって体制転換する例は少しずつ減少してきている。代わりに民主的に選出された指導者が徐々に制度を変更することで、権力を高めていくことが増加していった。民主主義体制から権威主義体制への変動は、長期的なスパンの中でも起こり得ることを理解する必要がある。それでは、上記のような体制変動は、どのようにして起こるのだろうか。フランツ（Frantz, E.）は、権威主義化する兆候として5つの点を挙げている（Frantz, 2018）。

　指導者は、自身への忠誠心が厚い者を高位の権力、主に司法に配置するようになる。指導者の反対派にとって、司法へ訴えることにより不当な権力行使を押しとどめる可能性があるものの、その判断を下す地位に信頼する者を置くことで、体制の守護神となることが期待される。

　2つ目の兆候は、検閲、接収、批判的なジャーナリストの逮捕によってメディアを統制しようとすることである。ダールも指摘しているように、健全な民主主義にとって、多様な情報源にアクセスできることは不可欠である。しかしながら、権威主義化する指導者は、メディアへの弾圧を強めることで、自身に都合のよい情報発信を行おうとする。バイアスがかかった情報しか入手できない場合、国民の判断を惑わすことになる。

　3つ目の兆候は、現職に有利となるよう選挙規定を操作することである。これは選挙不正というよりも、ルールそのものの変更を意味する。例えば、比例代表制を小選挙区制へと変更することで、マイノリティ集団の議席獲得を困難にすることが可能になる。

　4つ目の兆候は、現職者にさらなる機能を与えられるよう憲法を改正することである。憲法の改正によって、多くのことができる可能性を秘めている。大統領任期の拡大や再任規定の撤廃を行うことで、権力の座に就き続けることをはじめ、任命権の拡大などによっても自身の影響力の拡大を行うことができる。

　5つ目の兆候は、訴訟と法律を駆使して市民社会や政府への反対派の活動を

妨害することである。これまでみてきたように制度の恣意的な変更によって、自身に都合のよいルールを社会に課すことができる。加えて、そのルールの適用を判断する司法にも影響力が及ぼせる場合、反対派は、半ば合法的に社会からの退場を余儀なくされる。

権威主義体制の類型

これらの兆候が積み重なることで、権威主義化が進展することになる。ただし、民主主義体制から権威主義体制への変化だけではなく、権威主義体制内の変化も指摘されるようになってきた。そもそも権威主義体制は、必ずしも個人による独裁と結び付くわけではない。権力中枢が誰によって担われているかによって、類型化が可能である。ソ連や従来の中国に代表されるように、共産党などの支配政党が権力を握る一党支配型がある。また、ミャンマーのような軍が支配する軍事支配型を挙げることもできる。そして、北朝鮮のように個人に権力が集中して支配を行う個人支配型も存在する。一党支配であれば、政党内部での合意形成が求められる。同じく軍事支配でも、軍隊内部での合意形成が必要とされる（大澤、2023）。一党支配型の場合、政党内での合意形成の失敗が体制崩壊に結び付くことは稀である。多くの場合、権力闘争によって政党の中心となる人物が入れ替わることがあっても、政党内部での意思決定というシステム自体は温存されることになる。他方、軍での合意形成の失敗は、体制変動につながる可能性が高い。

個人支配型においては、意思決定過程に個人の裁量が大きく関わってくることになる。独裁者の側近グループからの支持調達という制約はあるにしても、アメとムチを使いこなすことによって、高い自律性を確保することが可能になる。個人支配の場合、独裁者自身の存在こそが正統化の根拠となっているため、首のすげ替えによって体制を維持することが困難となっている。また、個人化が進んだ権威主義体制にとって、後継者問題はリスクを孕んだものであり、スムーズな権力継承は、高いハードルが待ち構えている。

このように権威主義体制でも、権力中枢が誰によって担われているかで、その特徴も異なってくる。ただし、昨今では、図4-4に示されているように個人

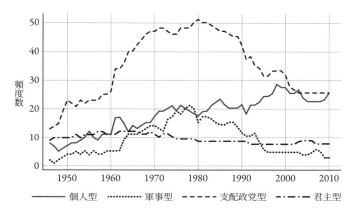

図 4-4　タイプ別の権威主義体制の数（1946 年-2010 年）
（出典：Franz, 2018：上谷ほか訳、2021、p.106）

型の権威主義体制を採る国が増えてきている。集団による支配から個人の支配へと移行が進むと何が起こるのだろうか。その国の政策を検討する上で、独裁者個人という属人的な要素を勘案しなければならない。集団的な意思決定において、合理的と思われる判断が、独裁者の個性によって無視される可能性もある。

　また、個人化が進むという現象は何も権威主義体制においてのみみられる傾向ではない。先進民主主義諸国においても、指導者へ権力が集中したり、自律性が増大したりする個人化とも言える事態が巻き起こっていることを踏まえると、この事態は、政治体制の違いを超えた、ある種の拡がりを持ったことと捉えることができるのではないか。そして、体制を超えた個人化という現象に着目したとき、異なる政治体制下の指導者がどのような政策決定を下し得るのかを考える上で、あらためて民主主義体制と権威主義体制という違いを検討する必要が出てくる。この違いこそが指導者の自律性を規定するルールとして機能していくことになる。

第5章　執政制度と民主主義体制

　本章では、民主主義体制を支える制度の1つとして、執政制度について論じていく。執政制度とは、「民主主義の政治体制において行政部門の活動を統括するトップリーダー、すなわち執政長官をどのように選出し、立法部門である議会や国民とどのような関係の下に置くかについての諸ルールを指す」（建林ほか、2008）とされている。このようなルールとして知られているのが議院内閣制や大統領制である。そこで、これらの執政制度はどのような違いを有しているのか、それぞれの執政制度の特徴は何かを明らかにしていく。さらに、執政制度の運用の仕方に着目しながら、そのあり方に変化が生じてきていることをみていく。

第1節　執政制度の制度的特徴

1　執政制度の諸類型

議院内閣制

　議院内閣制は、執政長官である首相の選出と解任方法に着目して説明することができる。首相の選出にあたっては、議会多数派の支持を獲得することが求められる。議会の多数派といっても、二院制を採用する場合には、通例、国民の代表たる性質を持つ下院での多数派が首相の選出に影響を及ぼす。日本においては、衆議院と参議院で共に首班指名選挙が行われるものの、両院の結論が一致しない場合、衆議院の議決が首相の選出を左右する。多数派を安定的に創出することに寄与するのが政党である。政党の勢力規模は、議会選挙による結果である。そのため、議会選挙において、有権者は、個別の争点に応じた政策

を判断して投票するのみならず、選挙の先にある首相選出をも見据えた投票を行う必要がある。

　首相の選出が議会の信任に依存しているため、異なった見方もできる。それが首相の解任方法である。首相がその地位にとどまり続けるためには、継続的に議会の支持を調達しなければならない。もし、首相に対する議会の信任が損なわれた場合、首相はその地位にとどまり続けることができなくなる。例えば、不信任決議は、議会が首相の責任を問うために行われるものである。決議が可決されると、首相をはじめ、連帯責任として内閣を構成するすべての大臣が辞職（総辞職）するか、議会の解散を通して民意の確認を行わなければならない。つまり首相は、その在職期間中において、常に解職の危険性と共にあると言える。

大統領制

　大統領制における執政長官である大統領は、議院内閣制とは異なり、有権者に直接選出されることにその特徴がある。したがって、大統領の選出は、議会選挙の結果に左右されることはない。そのため大統領は、議会に対する責任を有していない。また責任を有していないがために、大統領は、原則としてあらかじめ定められた任期を務めあげる。もちろん、例外として任期途中に解任されることもある。どのような場合に解任されるかは、大統領制を採用する国ごとに異なるものの、主として犯罪行為が認定されなければならないことが多いため、解任のハードルはきわめて高い。

半大統領制

　表5-1には位置付けられていないものの、議院内閣制と大統領制の要素を混合させた半大統領制という執政制度も存在する。半大統領制においては、ともに執政権を有する首相と大統領が併存する。首相と大統領の選出方法は、議院内閣制と大統領制によるものと変わりはない。しかしながら、解任の方法をめぐっては、半大統領制に下位類型がみられる。

　フランスなどが採用する「首相―大統領型」の半大統領制においては、大統領選挙によって選出され、原則として固定任期を務める大統領に対して、首相

は議会選挙の結果を受けて選出され、議会の信任があり続ける限りにおいて在職する。そのためこの型の半大統領制は、議院内閣制と大統領制の融合と言える。他方、「大統領―議会型」の半大統領制も存在する。ロシアなどが採用するこのタイプでは、首相が大統領と議会の双方に責任を有している点に特徴がある。ゆえに、首相は大統領によっても、議会によっても解任される可能性を持つ。

首相公選制

表 5-1 に従えば、首相公選制という執政制度も挙げられる。執政長官たる首相は、有権者の直接選挙によって選出される一方で、その地位にとどまり続けるには、議会の信任も必要になる。これは、議会が首相に対して不信任を突きつけることを可能にする制度である。しかしながら、首相が議会選挙の結果を受けて選出されているわけではないため、必ずしも議会多数派の支持を期待できるわけではない。

首相を選出する選挙と議会選挙が別々に行われることにより、議会で多数派を獲得した政党と首相選挙で勝利した者の政党が異なる場合、首相の地位は脆弱なものになる。この執政制度を採用していたのは、イスラエルであった。そのイスラエルも 1992 年に首相公選制を導入すると、わずか 3 度の首相公選が行われただけで、2001 年には廃止されてしまった。首相公選制が定着するのは非常に困難であり、世界中を見渡しても 2024 年現在でこの制度が採用されている国は存在しない。

表 5-1　執政制度を決める 2 つのルール

		解任（責任）のルール	
		議会による解任 （議会に対する責任）	原則として不可能 （固定任期）
選出のルール	議会による選任	議院内閣制	自律内閣制
	国民（有権者） による選任	首相公選制	大統領制

（出典：建林ほか、2008、p.105）

自律内閣制

　自律内閣制は、議会選挙の結果を受けて、執政長官たる大統領が選出される仕組みである。ただし、議院内閣制とは異なり、ひとたび大統領が選出されると解任することが原則としてできない。

　この執政制度を採用している代表的な国はスイスである。スイスでは、二院制が採られているが、下院たる国民議会選挙が実施されたのち、7人の閣僚からなる連邦参事会（内閣）が形成される。7人は同等の権限を持った同輩として位置づけられるが、その中の1人が大統領に任命される。そしてこの連邦参事会は任期いっぱいまで務めることが通例である。議会は不信任を決議することができない。加えて、内閣が法案提出を行い、それが否決された場合でも辞職をする必要がないことから、内閣の安定性が高い制度であると言える。

2 執政制度の特徴

　世界各国が採用している執政制度は、主として議院内閣制と大統領制に加えて、この2つの性質を持ち合わせた半大統領制である。そのため、議院内閣制と大統領制の特徴を摑むことが、半大統領制への理解にもつながると同時に、多くの国の執政制度を分析する足がかりにもなる。そこで、議院内閣制と大統領制の特徴として、それぞれ、責任の所在、権力のあり方、決定作成について説明していく。

責任の所在

　経済学や経営学において用いられてきたプリンシパル・エージェント理論は、政治学にも援用されて、多くの分野で研究が行われてきた。執政制度の分析においても、同理論を用いることによって国民、執政長官、議会との関係性を明らかにすることが可能である。プリンシパル・エージェント理論とは、本人と代理人という見方によって、権限の委譲と説明責任の関係を示すものである。

　議院内閣制における本人・代理人は、まず国民と議会との関係性に始まる。

本人たる国民が選挙という手続きを経ることによって、主権者たる権限を議会（議員）に委任する。権限の委任を受けた議会が国民の代理人としてさまざまな役割を担っていくことになる。代理人たる議会が行った活動は、常に本人たる国民に説明責任を有している。もし、代理人が本人の意向に反して行動し、説明責任も果たさない場合は、次回の選挙で再選されないというように何かしらの制裁を受ける可能性がある。

　議院内閣制では、国民と議会の関係性に加えて、議会と首相の関係性も重要である。国民と議会の二者間では、議会が代理人たる役割を求められていたが、議会と首相の関係では、議会が本人となり、首相が代理人たる役目を果たすことになる。例えば、議会は行政活動に関する権限を、首相をはじめとする内閣に委任する。首班指名選挙は、委任を行うための1つの制度的装置である。内閣は、議会から委任を受ける代わりに、議会に対して説明責任を負うことになる。十分な責任が果たされない場合、ここでも本人による代理人への統制が行われる。すなわち不信任を突きつけることにより辞職を迫るのは、その典型的な事例と言える。これらの関係を図示したものが、次の図5-1である。

　議院内閣制における本人・代理人関係は、一連の委任と責任の連鎖によって理解することが可能である。したがって、国民・議会・首相というそれぞれのアクターが果たすべき責任の所在も明確になる。

　大統領制においても、議院内閣制と同様の見方ができる。ただし本人・代理人関係は、また違ったものとなってくる。大統領制では、本人たる国民が代理人たる大統領を選出する。国民は主として行政に関わる権限を大統領に委任す

図 5-1　国民・議会・首相の関係性

るのと同時に、議会選挙を通じて、立法に関わる権限を議会に委任する。国民は、代理人たる大統領と議会それぞれに対して、本人たる地位を占めているため、責任が果たされない場合は、選挙でそれぞれに制裁を加えることもできる。

　ただし、大統領制の特徴として、大統領と議会に委任と責任の関係性がないことに加えて、それぞれ異なる選挙で選出されるため、大統領の所属政党と議会多数派の政党が異なる可能性がある。このような状態を分割政府（divided government）と呼ぶ。他方で、大統領の所属政党と議会多数派の政党が一致することを、統一政府（unified government）と呼ぶ。分割政府が形成されると、大統領と議会の政治方針が対立し、政治の停滞を招くことがある。仮に議院内閣制でこのような対立が生じれば、議会が内閣を不信任することができる。しかしながら、大統領制では、大統領も議会も本人たる国民の代理人であるため、双方が民主的な正統性を主張することで政治の停滞が硬直化する恐れが生じる。その際に、不信任や解散などを通じて状況を打開する権限は、大統領や議会に与えられていない。そのため、ひとたび政治の停滞が生じると、その責

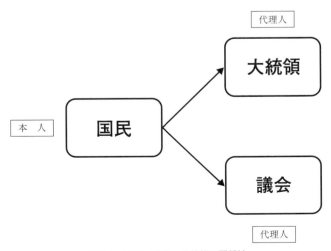

図 5-2　国民・議会・大統領の関係性

120 第5章 執政制度と民主主義体制

任の所在を明確化することは困難になってしまう。もちろん、執政長官が国民に対して直接説明責任を負っているという点を踏まえれば、議院内閣制よりも大統領制の方が明快な制度であると言える。

権力のあり方

プリンシパル・エージェント理論でみてきたように議院内閣制と大統領制は、それぞれ異なる関係性を構築している。一国の権力を三権分立の観点で捉えると、2つの執政制度は違った側面を浮かび上がらせる。議院内閣制においては、議会の多数派が内閣を作り出している。内閣を構成する大臣は、多くの場合、議会多数派を占める政党の中心的人物である。特に首相を務める人物は、多数党の党首であるケースがほとんどである。首相には執政長官として行政活動に関わる権力が付与されている。同時に首相を務める人物が多数党の党首も担っていることで、立法活動にも影響を及ぼすことが可能になる。

党首が自党所属の議員に対して、どの程度の拘束力を持つかについては、後述するものの、拘束力が強ければ強いほど、党首の意に沿った立法活動が可能になる。さらに、政党が単独で議会の過半数を占めていれば、議会に対する影響力は、より強大になる。このことが示唆しているのは、執政長官たる首相が同時に議会多数党の党首という地位を利用することで、行政権と立法権という2つの権力の融合を導くということである。

大統領制においては、大統領と議会がそれぞれ別に選出されることに加えて、議会が大統領に対する解任権限を有していない。大統領職を務める傍ら、同一人物が議会にも席を持つということが禁止されている。選出と解任という面で、互いに干渉することができず、1人の人物が2つの権力にアクセスできない制度であるため、立法権と行政権は、議院内閣制に比べて厳格な権力分立の下に置かれている。

決定作成

議院内閣制では、首相が選出されるとともに各行政実務を分担掌握する担当大臣が任命される。政府としての決定の作成は、首相と大臣による合議によって行われる。したがって、議院内閣制は集団的な決定システムということがで

きる。しかしながら、もしも首相と大臣の意向が異なると、首相は大臣を交代させることで、閣内不一致を解消し、集団的な決定であることを維持しようとする。

大統領制において、決定の作成は大統領にのみ認められた権限である。大統領制下の内閣は、大統領のアドバイザーたる位置づけであるため、大統領と大臣が対立したとしても、政府の決定は大統領に依存する。議院内閣制に対して、大統領制は非集団的な決定システムである。

第2節　議院内閣制と大統領制のヴァリエーション

執政長官の選出と解任に着目することで、議院内閣制か大統領制であるのかを区別することができる。ただし、この基準で示しているのは、それぞれの執政制度の最低限の特徴である。執政長官がどの程度のリーダーシップを発揮できるのかによって、議院内閣制も大統領制もさらなる細分化が可能である。ここでは、それぞれの執政制度におけるリーダーシップの違いに着目した議論を展開していく。

1　議院内閣制のヴァリエーション

議院内閣制における首相のリーダーシップを測定する上で、基準となるのが首相を支える多数派がどのように形成されているのかという点と与党の凝集性（まとまり）の程度である。

多数派の構成

議院内閣制においては、単独政党が議会で過半数を獲得することで首相を支える多数派を構成することがある。この場合、1つの政党からの支持を調達することで、首相は自らが望む政策を実行できる。第二次世界大戦後のイギリスでは、ほとんどの時期で保守党か労働党のどちらかが単独で議会過半数を占めることによって、単独政権の形成に成功していた。

122 第5章 執政制度と民主主義体制

しかし、多数派の形成は、なにも単独の政党でのみ行われるものではない。複数の政党が連立を組むことによって議会の過半数議席を獲得するケースもある。2つの政党が連立することで過半数を握ることができる場合もあるが、連立に参加する政党の数がさらに増大することもある。連立相手が増加すればするほど、連立政権における首相のリーダーシップは、自身の所属以外の政党に拘束されることになる。

単独政権か連立政権を問わず、樹立された政権が議会の過半数を占めていないこともある。これは「少数内閣」ないしは「過小内閣」と呼ばれるものである。この状態は、多数派の構成という問題以前に、安定的な議会運営に支障をきたす可能性が大きいため、首相のリーダーシップはきわめて制限されることになる。例えば、実際に政権が樹立しても議会の過半数を有していなかった事例として、1974年2月に行われた総選挙によって誕生したイギリス労働党政権が挙げられる。政権が発足しても議会運営に苦しむこととなり、同年10月に再び総選挙が実施されたことで、少数内閣が解消された。

凝集性の程度

首相のリーダーシップを測る上では、首相を支える与党の凝集性を考慮にいれる必要がある。仮に単独政権が成立していたとしても、凝集性が低ければ、首相の指導が貫徹されずに、それぞれの議員が自律的に行動してしまう恐れがある。したがって、首相のリーダーシップは十分に発揮されないことになる。それとは逆に、凝集性が高い場合、首相の意向が周知徹底されることで強いリーダーシップを発揮する基盤となる。

それでは政党の凝集性を左右する要素とは何なのだろうか。18世紀に活躍した政治家であり著述家でもあるバーク（Edmund Burke）によれば、政党は、特定の原理に基づいて集まった人びとからなる集団であるため、そもそも凝集性が高いように思われる。しかしながら、各々の自発性のみによって集団を維持することは困難であろう。そのため、政党を構成するメンバーに対して、政党指導部がどのような権限を持っているのかが重要になる。

政党指導部が構成員をコントロールする権力資源として挙げられるのが公認

権である。選挙での当選を望む者にとって、政党から公認を得ることによって
さまざまなサポートが期待できる。例えば、選挙を戦い抜くノウハウをはじ
め、運動員の提供などに加えて、政党の候補者になることで、知名度の上昇も
見込まれる。特に、小選挙区制という選挙制度の下では、大政党の候補者であ
るということが有権者の票を集める上で、大きな要因になる。指導部が選挙で
の公認権を持つことで、凝集性を高める効果を発揮することができる。

　他にも、選挙での当選後に配分できるポストの数やどれだけ他者の干渉を受
けずに選任できるかによって、指導部が持つ権力資源が規定される。党の役職
を配分することに加えて、政権獲得に成功すると政府の役職を配分することも
可能である。日本でも、政治家に配分する政府の役職として大臣、副大臣、政
務官などが挙げられる。これらの人事では、おおよそ80名程度の議員が政府
内ポストを得ている。このように人事を通じても凝集性を高めることが可能に
なる。

　そして指導部が政治資金の分配に、どの程度関与することができるかも肝要
である。政治においては、特に選挙の面で多くの資金が必要とされる。国によ
って、選挙に用いることができる資金に上限が設けられていることはあるもの
の、選挙区の地理的大きさや活動の仕方に応じた選挙資金が必要とされる。そ
のため、再選を目指す議員にとって、いかに豊富な資金を得ることができるの
かは、大きな問題となる。党指導部が資金配分を自由に行える場合、所属議員
は、指導部の方針に従うインセンティブが増大することになる。

　このように公認権、人事、政治資金という権力資源を用いることで、政党の
凝集性を高めることができる。そして首相のリーダーシップは、多数派の構成
と凝集性の組み合わせによって左右されることになる。最も強いリーダーシッ
プが期待できるのは、単独政権が形成され、与党の凝集性が高い場合であり、
連立政権かつ凝集性が低い場合に、最も脆弱なリーダーシップとなる。前者
は、首相が政党の党首としてさまざまな権力資源を用いて、党の方針を一本化
することで、議会の過半数を持つ勢力をコントロールできることを意味してい
る。そのため、自らが望む政策の実行が比較的容易になる。後者は、そもそも

124 第5章 執政制度と民主主義体制

政党の方針を一本化することすら困難であることに加えて、1つの政党のみを
コントロールしたとしても議会の過半数を動かすことはできないため、他党へ
の妥協も必要になってくる。したがって、首相は強い制約を受けることにな
る。また、単独政権であり凝集性が低い場合や連立政権で凝集性が高い場合
は、凝集性の低さや連立政権が首相のリーダーシップを制約するものとして機
能してしまう。

　一口に議院内閣制といっても、そのあり方は一様ではなく、強いリーダーシ
ップを発揮できるものもあれば、限定的なリーダーシップしか発揮できないも
のもある。

2　大統領制のヴァリエーション

　議院内閣制と同様に、大統領制においてもいくつかのヴァリエーションが存
在する。このヴァリエーションは、大統領のリーダーシップを、どの程度の権
限が認められているのかという観点と議会多数派との関係性から分析すること
ができる。

大統領権限

　大統領が担うのは行政権であるが、立法権に対する関与の度合いからリーダ
ーシップの程度を測定することができる。立法への関与の仕方として挙げられ
るのが拒否権である。この拒否権は、包括拒否権と部分拒否権に大別すること
ができる。包括拒否権とは、議会が可決した法案に対して、その成立を拒否す
ることを指す。部分拒否権は、議会を通過した法案を修正することができる権
限である。これらの拒否権を大統領が行使したとしても、必ずしも絶対的なも
のではない。議会側が再可決することによって、大統領の意思を押しとどめる
ことも可能である。しかし、再可決をするためには過半数の賛成ないしはさら
なる高いハードルを課すこともある。したがって、大統領制を採用する国は、
拒否権が認められているのか否かに加えて、再可決の要件によって、大統領の
権限が測られることになる。

立法への関与は、大統領令を定めることができるかによっても変化する。この大統領令は、議会法に従属するものではなく、同等の位置づけを持つものを指す。この権限も大統領制であれば、普遍的に認められているものではない。さらに、大統領令の制定ができる場合でも、事後的に議会の承認を得る必要があるのか、議会法が定められたのならば、大統領令とどちらが優先されるのかによって権限の強さが異なる。

また、排他的法案提出権によっても大統領権限が測定される。これは、特定の政策分野において、大統領にのみ法案提出権が認められているのかを表すものである。排他的法案提出権が大統領にある場合、どの政策分野にまで及ぶ権限なのか、議会は対抗措置を取ることが可能なのかによって、権限の強さを判断することができる。

一般的に、アメリカの大統領は非常に強い権限を持つかのようにイメージされることも多いが、前述した4つの権限に照らして考えてみると、異なった現状がみえてくる。包括拒否権については、大統領に認められている。上下両院が可決した法案に対して、大統領が拒否権を発動した場合、議会は3分の2の特別多数をもって再可決しなければ、その法案は発効しない。つまり大統領に、権限が認められているばかりではなく、議会がその意思を覆すには大きなハードルがある。しかし、部分拒否権は大統領に認められておらず、法案提出の排他性を有する政策分野も持たない。大統領令についても、議会法と同等の位置づけにはなっていないことから、アメリカ大統領の立法に対する関与は、かなりの程度、制限されていると考えることができる。

大統領と議会多数派

大統領と議会は、それぞれ異なる選挙によって選出されるため、分割政府が創出されることがある。この事態に陥った場合、大統領は、自ら望む政策を実現することが困難になる。特に、議会多数派の政党が強力にまとまっていると、大統領に対して、一致して敵対的に行動する可能性が上昇するため、政治の停滞が起きることになる。他方で、議会多数派がまとまりを欠く場合は、状況の改善が期待できる。大統領が議会多数派の切り崩しを行うことで、支持の

126 第5章 執政制度と民主主義体制

獲得が可能になる。

　統一政府が形成されたとしても、議会多数派がまとまりを欠くと、安定的な
リーダーシップの発揮を阻害することになる。大統領は、自身の所属する政党
から常に支持を期待することができなくなるため、限定的なリーダーシップに
とどまってしまう。しかし、議会多数派が強固なまとまりを持つ場合、大統領
は、安定的な支持を調達することができるため、最も強いリーダーシップを発
揮することができる。議院内閣制と異なり、執政長官の選出と解任に議会が責
任を持たないが、大統領制においても議会多数派との関係性によって、大統領
のリーダーシップが左右されることになる。

第3節　政治の大統領制化

　これまで議院内閣制や大統領制の特徴をみてきたが、これらの執政制度は、
その国の憲法や憲法に準じる慣習などによって支えられていることがほとんど
である。そのため、執政制度の変更は大きな政治変動を伴うことも少なくな
い。しかしながら、一部の先進工業民主主義諸国においては、大統領制化
（presidentialization）と呼ばれる現象が生じているといわれている。本節では、
大統領制化とはどのようなことを指すものなのかを明らかにするとともに、そ
の現象をどのように測定するのかについて論じていく。

1　大統領制化とは

大統領制化

　大統領制化とは、それまで議院内閣制や半大統領制という執政制度を採用し
ていた国が大統領制を採用するようになったことを指す言葉ではない。大統領
制への移行は、執政制度そのものの変化であるが、大統領制化は、議院内閣制
や半大統領制でありながら、その運用が大統領制的になることを意味する。つ
まり、執政制度自体はそのままであるが、議院内閣制や半大統領制のあり方に

変化がみられるようになってきたことを指す。運用が大統領制的になるというのはどのようなことを表しているのだろうか。そのヒントになるのが、大統領制におけるリーダーシップの権力資源、リーダーシップの自律性、選挙過程の個人化である。

リーダーシップの権力資源

大統領は、国民に選出されることによって、直接的に正統性を確保することができる。ゆえに大統領は議会に対して責任を負わず、国民に対してのみ責任を有することになる。政府においては大統領のみが国民からの正統性を代表しているため、広範な権限が認められている。すでにみてきたように、政府の意思決定は、大統領個人に依存するため、行政に関わる権限が半ば独占的に集中しているといえる。したがって、大統領制的な運用とは、政治的リーダーに十分な権力資源が備わっていることを意味する。

リーダーシップの自律性

大統領は、国民に選出されると原則として固定任期を務めることになる。そのため、任期途中に解任される可能性は極めて低いことから、権力行使にあたって、その他のアクターから影響を受けにくい。したがって、大統領の所属政党に対しても、野党に対しても自律的であることができる。政府内の意思決定においても、各大臣達はアドバイザーに過ぎないため、大統領は自律的に行動することが可能になる。

選挙過程の個人化

大統領選挙では、1人の当選者を選び、その人物に行政権を委任するという性格上、個人に注目が集まる。そこでは、どの政党の候補者であるかということに加えて、その候補者がどのような人物であり、どのような政策を訴えており、どれほどの問題解決能力を持つのかという個人に由来する要素が重視されるようになる。

大統領制的な運用とは、議院内閣制や半大統領制でありながらも、リーダーシップの権力資源や自律性が増大し、選挙過程で個人化が進むことによって判断されるものである。

2 大統領制化の特徴

執政制度と統治の方法

　大統領制化は、議院内閣制や半大統領制という執政制度でみられるのと同時に、大統領制をも分析の射程に収めることができる。すでに本章で大統領制にもヴァリエーションがあることを示してきたが、大統領制を採用する国の中には、リーダーシップの権力資源や自律性が高く、個人化が進んでいる国もあれば、相対的に、これらの要素が低い水準にとどまっている国もある。したがって、大統領の権力資源や自律性が低い国において、これらが高まるような変化がみられた場合でも大統領制化が進展していると評価することができるだろう。

　また、議院内閣制や半大統領制においても、大統領制化がみられることで、大統領的な統治が強化されることもあれば、逆に政党主導の統治が進むこともある。政党主導の統治の場合、大統領制化とは逆行しているといえる。図5-3にあるように、いずれの執政制度においても、その他の執政制度とは明確に区

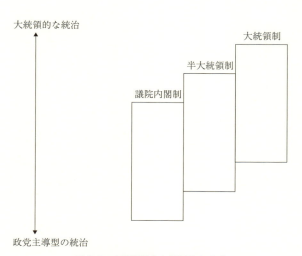

図 5-3 大統領制化と体制のタイプ
（出典：Poguntke & Webb, 2005：岩崎監訳、2014、p.8）

別がなされているものの、その執政制度の中では、大統領制が進展しているのか、後退しているのかという違いが生じる。

執政制度の違いそのものは、憲法やそれに準じる慣習によって区別されているが、それぞれのタイプの中で、どちらの極（大統領主導・政党主導）に近づくかは基底構造的要因と偶発的要因によって決定される。例えば、日本では、国家公務員の幹部職人事を一元化する目的で内閣人事局が設置された。内閣官房副長官が内閣人事局長を務めることで、首相が人事に介入できるようになった。このような変化は、基底構造的要因に連なるものである。もちろん社会構造といったマクロな変化をも含むものとして理解することができる。また偶発的要因とは、リーダーの人格であったり、選挙の結果であったりなどその時々の状況による影響を受けるものとして捉えることができる。

大統領制化がみられる領域

それでは、このような２つの要因に基づく変化は、どのような領域に表れるのだろうか。まず挙げられる領域が政府である。この領域では、政府のリーダーである執政長官に、政府内の役職任命権や政策決定権などの権力が付与され、スタッフの拡充、資金の調達、アジェンダ設定などを通じて、自律的に行動することが可能になっているのかを検討する必要がある。

政党の領域では、執政長官の権力資源や自律性をみる視点を政党の党首にも援用するのに加えて、党首の個人的名声にも着目する。党首の選出方法は、政党によって千差万別であり、選挙の実施の有無、投票権者の範囲などで異なってくる。それでも昨今の政党の多くが選挙による党首の選出を行ってきている中で、議員団内部の支持獲得で事足りるのか、一般党員やサポーターの支持までをも求めるのかで、リーダーが備えるべき条件が変わってくる。特に、一般党員の影響力が大きな選挙においては、個人化ともいえるようなコミュニケーション技術が大きな要素を占めているため、この点も考慮した上で、政党領域での大統領制化を検討しなければならない。

選挙の領域においては、これまでとは異なり、権力資源や自律性の問題ではなく、個人化の有無を明らかにする必要がある。これは政党ラベルを前面に押

し出す選挙戦から変化が生じたのか否か、また変化が生じた場合、党首の人格に焦点が当てられるようになったかを基準にすることができる。選挙過程において、党首討論が注目を浴びるようになってくるのも、個人化傾向を示す一例といえる。

　このように、執政制度自体の特徴を捉えるとともに、その執政制度がどのように運用されているかにも注意を払うことで、その国の政治の有り様を理解することにつながる。

第6章　議会制デモクラシーと選挙制度

第1節　議会制デモクラシーと選挙

　デモクラシーという語をその語源からたどれば、人民（demos）全体に権力（krátos）が与えられた政治形態であり、直接デモクラシーこそが理想であることは言うまでもない。しかし、今日の大規模化した政治社会において、常に人民全体が政治に直接関与することが到底不可能であることも否定できない事実である。そのため現代においては、国民の代表者である議員の構成する議会を通じて、デモクラシーの実体化を図らざるを得ない。このような議会制デモクラシーの下では、職業的に政策の立案・決定・執行に携わっている人びとを除けば、選挙は一般の国民が政治に参加する最も公的な機会である。

　ところで、議会そのものは議会政治の歴史をみても明らかな如く、決してデモクラシーを実体化するために作り出された機関であったわけではない。議会政治の母国と言われるイギリスの議会にせよ、あるいは14世紀初めに起源を有するフランスの三部会にしても、それらは社会の特権階級の保有する特権を擁護するための機関であったのである。したがって、議会の存在そのものは必ずしもデモクラシーの実現を意味しているわけではなく、議会に代表を送り込む選挙が民主的に実施されて初めて、議会制デモクラシーも実体化されるのである。

　それではこの民主的選挙とはいかなる選挙を意味するのであろうか。第1は、身分・性別・人種・財産・信条・教育などによって参政権を制限することなく、一定の年齢に到達したすべての人びとに選挙権・被選挙権を認める普通選挙制（universal suffrage）であり、第2は1人1票（one man, one vote）の原則に立ち、かつ1票の価値の平等を保障する平等選挙制（equal voting）であ

132　第6章　議会制デモクラシーと選挙制度

る。第3は有権者が中間者を介することなく、直接議員を選挙する直接選挙制
（direct voting）であり、そして最後は、誰に投票したのかを投票者本人以外の
者に知られないようにして、有権者の投票が有力者によって不当に左右されな
いようにする秘密選挙制（secret voting）である。

　選挙が以上の諸条件を備えて実施されることによって、初めて議会制デモク
ラシーの制度的枠組みが成立するのである。

第2節　選挙制度の類型学

　選挙制度の在り方はその国の政党政治の在り方に大きな影響を及ぼす。もち
ろん、その選挙制度の設計は一般的には各政党間の協議を通じて行われるか
ら、選挙制度と政党政治は相関関係にあるとも言えるだろう。

1　選挙区制と代表制

　選挙制度を類型化する際には、選挙区制と代表制による場合が多い。まず選
挙区制は大選挙区制と小選挙区制に分類される。大選挙区制とは、当該選挙区
から選出される代表者が複数である場合を指し、選挙区の物理的大きさを指し
ているわけではない。1994年に改正されるまでのわが国の衆議院の選挙区を
中選挙区などと呼ぶ場合もあるが、それは便宜的呼称であって厳密には大選挙
区制に区分される。これに対して当該選挙区から1名のみが選出される制度が
小選挙区制である。

　次に代表制は多数代表制と少数代表制に区分される。多数代表制とは、当該
選挙区内の多数派のみが代表を送ることができる制度である。したがってこの
制度の下では少数派は何らかの方法で多数派を形成しない限り、自分たちの代
表を送り出すことができないのである。これに対して少数代表制とは、多数派
だけではなく少数派にも代表を送る機会が与えられる制度であり、より広範な
意見が反映される。また比例代表制は少数代表割に含めて考えることもできる

が、原理的に異なる手法を用いるために別に扱われることが多い。

　以上のことを踏まえ、次項からは代表制を中心として選挙制度の具体的な類型をみていくことにする。

2　多数代表制

　多数代表制を実現する最も単純な方法は小選挙区制である。小選挙区制では当該選挙区から選出される代表は1名のみであるから、必然的に当該選挙区の最大多数派のみが当選し、代表を送ることができる。

　この小選挙区制もさらに小選挙区相対多数代表制と小選挙区絶対多数代表制に分けることができる。前者は小選挙区で相対多数を獲得した候補者1名を当選させる制度であり、イギリスの庶民院議員の選挙制度がこれにあたる。この制度の下では、候補者の数が多く、かつ候補者の集票能力が接近していれば当選に必要な票数は少なくなるので、ほんの僅かな票しか獲得しなかった候補者が「相対多数」として当選する可能性がある。また当選者以外の候補者に投ぜられた票はすべて死票となるので、各政党の得票率と議席率との間に大きな開きが生じる可能性が高い。デュヴェルジェによれば、議席率の比は得票率の比の三乗に等しくなるという（三乗比の法則）。しかしその一方で、各選挙区で相対多数を獲得する可能性が高い政党のみが候補者を立てる傾向があるため、小政党が淘汰され、その結果、議会内に明確な多数派を生み出す可能性が高くなる。また各選挙区の定数は1名であるから、当然、各政党は1名の候補者しか公認しないため、選挙戦は政党間の争いという色彩を濃くする。

　小選挙区絶対多数代表制はフランスの国民議会選挙で採用されている。その方式では第1回目の投票では有効投票の過半数を獲得した候補者のみが当選となる。もし過半数を獲得した候補者がいなければ、一定の条件を満たした候補者のみを対象として第2回投票を行うのである。フランスでは第1回投票では多様な政党の候補者が名乗りを挙げるが、この第1回投票では絶対多数を獲得して当選を決めることが難しい。そこで第2回投票では保守陣営と革新陣営に

134 第6章 議会制デモクラシーと選挙制度

収斂され、二党システムと同じ様な外観を示す傾向がある。

　この他、大選挙区制でも完全連記制（当該選挙区の定数と同じ数の候補者に投票できる制度）を用いれば、小選挙区制と同様の効果をもたらす。

3　少数代表制

　少数代表制は多数派に加え少数派にも代表を送る機会を与える制度であるから、大選挙区制を採る必要がある。ただし前述の完全連記制を採れば多数代表制になるので、制限連記制（当該選挙区の定数よりも少ない複数の候補者に投票できる制度）もしくは単記制を採用する必要がある。

　94年の選挙制度改革までわが国の衆議院選挙で採用されていた中選挙区制は、大選挙区単記制に該当する。この制度では選挙区の定数が3〜5であるにもかかわらず、有権者は1名の候補者にしか投票できない。国会の過半数獲得を目指す政党は同一選挙区に複数の候補者を立てざるを得ないが、有権者は1名にしか投票できないため、必然的に同一政党の候補者間で票の奪い合いが生じる。同一政党であれば政策の差別化を図ることはできないため、結局日常的な有権者との接触が集票能力につながると考えられる。有権者との日常的な接触には多額の資金が必要となり、議員は強引な政治資金の獲得に走ったり、また政党内の派閥に依存することになる。しかし一方では、この大選挙区単記制は定数に応じて少数派が代表を送る機会が増すため、得票率と議席率との間にはかなり高い相関関係がみられる。このため、中選挙区制は準比例代表制と呼ばれることもある。

4　比例代表制

　比例代表制とは有権者の政治的意思を可能な限り正確に議会に反映させるために議席率を得票率とできるだけ近接させる制度であり、当然のことながら少数派の代表も議席を獲得することができるので少数代表制の一種とも言える。

第2節　選挙制度の類型学　*135*

比例代表制を考える場合には2つの論点がある。まず第1は各政党への配分議席数の計算方法であり、第2が、各政党の実際の当選者の決定方法である。

ここではまず第1の論点である議席配分の計算方法として、わが国の衆参両院議員選挙で用いられているドント式について検討する。

ドント式の場合、各政党の得票数を順次、整数1、2、3……Nで割っていき、その商の多い順に議席を配分する。これを具体的な例で示すと次のようになる。

議員定数を5とする。

　　　A党の得票散を1500票とする。

　　　B党の得票数を700票とする。

　　　C党の得票数を350票とする。

　　　D党の得票数を300票とする。

	A 党 1500	B 党 700	C 党 350	D 党 300
÷1	1500①	700③	350	300
÷2	750②	350	175	150
÷3	500④	233	116	100
÷4	375⑤	175	87	75

　　　A党……4議席　　　　　B党……1議席

各政党の獲得議席数は上記のような計算によって決定するが、具体的な当選者を確定するためには通例、名簿式が用いられる。各政党は選挙に際して予め自党の候補者名簿を作成し、有権者に提示する。その際、政党が名簿登載者に順位を付して公表し、配分議席数が決定したら名簿の順位に従って当選者が確定するものを拘束名簿式という。この方式を採用すれば当選者は迅速に判明するが、有権者はそれぞれの政党の候補者名簿に政党名で投票するのみで候補者間の選好を示すことはできない。これに対して、政党が順位を付していない候補者名簿を提示し、有権者は名簿登載者もしくは政党名で投票し、各政党の獲得議席数が決定した後に得票の多かった名簿登載者から順に当選とする方法を非拘束名簿式という。この方式を採用すれば投票方法は若干煩雑になるが、有

136　第6章　議会制デモクラシーと選挙制度

権者には政党だけではなく具体的な候補者を選ぶ機会が与えられる。2000年の公職選挙法改正により、わが国の参議院議員選挙の比例代表にはこの非拘束名簿式が採用され、2001年参議院通常選挙から実施された。

　比例代表制は先に示したように有権者の政治的意思をできる限り正確に議会に反映する点では優れているが、多様な少数意見が議会に反映されるために小党分立になる可能性を秘めている。また比例代表選挙は当然のこととして政党間の争いとなり、純粋に無所属の候補者が選挙戦に参加することはできない。

第3節　現代の議会政治

　議会は、民主主義体制を支える上で重要な基盤となっている。ただ、一口に議会といっても、各国ごとにその制度的な仕組みは異なっている。例えば一院制か二院制なのかという違いがそうである。また、議会の主な役割は、民主主義体制を採る国において、大きな違いはないものの、他の政治制度や慣行によって、議会に求められる役割として強調されるものは変わってくる。そこで、本節では、議会制度の構造と役割に着目して論を進める。

1　議会制度の構造

　世界の議会制度を概観したとき、一院制議会であるのか二院制議会であるのかという違いが存在する。二院制を採用するメリットは、議会に与えられた立法権を2つの院で分割することにより、慎重な判断を下せるようになることにある。いち早く議会制が定着したイギリスにおいても、庶民院と貴族院が立法権を共有していたし、フランスの三部会も同様であった。しかし、単に同じような構成の院を増やすだけでは、慎重な議論というよりも屋上屋を架すようなものである。

議会の代表制
　二院制の性格を決める側面の1つに、代表制の問題がある。選挙によって人

びとの代表を選ぶことで議会が構成されるのはその通りであるが、それではここで言う人びととは誰を指すのだろうか。先に挙げたイギリスの場合、現在でも庶民院と貴族院の両院が存続しているが、庶民院が広く国民を代表しているのに対して、貴族院は、主として貴族の代表に過ぎず、選挙によって選出されることもない。連邦制を採用するアメリカでは、下院が国民代表である一方、上院は州代表の性格を持つ。このように異なる基盤を代表することによって慎重かつ多角的な議論が期待されるのである。

　ただし、日本のように、ほとんど変わらない層を代表する二院を備える国もある。選挙区の人口規模や制度に違いはあるものの、衆議院にしても参議院にしても、共に国民代表の性質を持つ。これは憲法43条「両議院は、全国民を代表する選挙された議員でこれを組織する」という条文に支えられたものである。日本の二院制を指して、参議院は衆議院の判断を追認するだけの存在、いわゆる「カーボンコピー」と指摘する声があるが、参議院がカーボンコピーであると言われる根本はこの点にある。結果的に、衆議院も参議院も共に全国民を代表するため、両院の構成が大きく異なることは限定的である。そのため、両院は同じ判断を下す。まさに同じことを議論し、同じ決断を下すという一連の流れを繰り返しているに過ぎないという批判である。

　また、代表制は、民意がどれくらい、議席に反映されるのかという程度の問題をはらんでいる。すでに前節でみたように、小選挙区制によって議員が選出される制度においては、「三乗比の法則」が指摘されている。これは、投票で示された民意が大政党の議席に対して過大に反映されることを意味する。この制度は、「人工過半数」を作り出す特徴をもっている。他方で、比例代表制が採られている場合は、得票率に近いかたちで議席が配分されることになる。したがって比較的正確に民意が代表される。しかし、比例代表制においても、どの程度、民意が代表されるかについては次の2つの要素が影響してくる。1つ目は、どのような議席配分方式を採るのかである。各政党の得票数を整数で除するドント式よりも各政党の得票数を奇数で除する小政党に有利なサンラゲ式のような配分方法もある。2つ目は、議員定数の問題である。全国を1つの選

138　第6章　議会制デモクラシーと選挙制度

挙区として比例代表制に基づいた選挙を実施する場合、定数が少なくなるほど得票率と議席率の乖離が大きくなる。このような要素が影響するものの、小選挙区制よりも民意が正確に反映されるため、特定の政党が過半数を獲得しにくいという「自然少数派」が形成され連立政権の形成を促すことになる。

非比例制指数

得票率と議席率がどの程度近似しているのかという点を測る指標が存在する。ギャラガー（Michael Gallagher）が考案したこの指標は、議席率がどれだけ得票率とかけ離れているのかを示したものである。数値が大きくなればなるほど、乖離が進んでいること意味する。この数値を出す計算式は次の通りである。

$$\sqrt{\frac{1}{2}\sum(vi-si)^2}$$

vi：政党 i の得票率
si：政党 i の議席率

	得票率	議席率
A 政党	40	50
B 政党	30	30
C 政党	20	10
D 政党	10	10

$(40-50)^2+(30-30)^2+(20-10)^2+(10-10)^2=200$

$1/2×200=100$

$\sqrt{100}=10$　　　　　　　　　　A.　非比例制指数　10

非比例制指数をもとにして、選挙制度と代表の程度を示すのが表6-1である。この表が示唆するのは、選挙制度が代表の程度に影響を与えているのではないかということである。

両院の権限関係

二院制の在り方を左右する要素の2つ目は、両院の権限関係である。立法活動をめぐり、両院の対等な関係が認められている場合、下院と上院が共に可決しなければ法案は成立しない。どちらかの院が法案の修正を行うことがあれ

ば、再度、両院での可決が求められる。

　両院の権限は、非対称となっていることもある。このとき下院に広範な立法権が認められており、上院には限定的な権限しか認められないことが一般的である。イギリスのように、上院は法案の成立を遅らせることのみでき、修正は一切認められていないケースがある。ほかにも、上院が法案を否決することはできるものの、下院が再議決をすることで成案と

表 6-1　主な国の選挙制度、非比例制指数
（1945-2010 年の平均）

	選挙制度	非比例制指数
アメリカ	単純多数制	14.3
イギリス	単純多数制	11.7
カナダ	単純多数制	11.6
インド	単純多数制	9.6
日　本	半比例制	7
ドイツ	比例制	2.7
スイス	比例制	2.6
オランダ	比例制	1.2

（出典：粕谷、2014、p.170（一部抜粋））

なることもある。再議決にあたっては、過半数の賛成でよい国と3分の2の賛成といった議決のハードルを上げている国もある。日本では、衆議院が下院として位置づけられ、参議院が上院として位置づけられるが、法案をめぐる関係性では、参議院が否決しても、衆議院が3分の2の賛成での再可決が認められているという点で、非対称な両院関係として捉えることができる。

　両院の関係性が非対称である日本においては、「強い参議院」が主張されることもある。カーボンコピーとして参議院が揶揄される一方で、その時々の政治状況によっては、衆議院の多数派と参議院の多数派が異なることもある。両院の議決が食い違ったとしても衆議院が再可決をすればよいのだが、実際の政治では容易なことではない。そもそも再可決を可能とするだけの議席獲得は困難をきわめる。また、与野党対立の中での再可決はそれだけで論争を呼ぶ行為であり、簡単に多用するのはリスクとなる。こうした点が「強い参議院」論の根拠の1つとして指摘されている。

2　議会の役割

変換型議会

　民主主義体制下の議会に求められる機能として、真っ先に挙げられるのが立

法機能である。これまでみてきた議院の構造においても、念頭におかれていたのは立法についてであった。モンテスキュー（de Montesquieu, C.-L.）の権力分立論に代表されるように、特定のアクターへの権力集中を防ぐために、分割されたものの1つが立法である。権力分立の観点からも選挙によって選出された議員によって、法が作成されるのが重要である。この立法を重視して議会制度が構築されている場合、その議会を変換型議会と呼ぶ。

この変換型議会の代表例として挙げられるのがアメリカである。変換型議会では、社会にある多様な利益を表出・集約して政策や法律へと変換することが重視される。それゆえ議員たちには、国民に対する応答性を高めることが求められる。特に、アメリカのように政党の凝集性（まとまり）が低く、所属議員に高い自律性がある場合は、それぞれが変換型の機能を果たそうと活動する。利益の実現にあたっては、社会の側も活発に活動することが知られている。例えば、社会の側は、選挙のような機会に加えて、ロビー活動を通じて議会の活動に影響を及ぼそうとしている。日本では、ネガティブな評価をする人も多いロビー活動であるが、民意の多様な伝達手段の1つとして機能する面もある。ただし、野放図なロビー活動の許容は、一部のアクターの声を過大に届けてしまうことにつながるため、透明性の確保が必要になってくる。

アリーナ型議会

議会が持つ役割のもう1つが、争点提示機能である。これは、議会での論戦を通じて、社会課題の争点を提示していくことを意味する。政党には大衆を教育する機能があるが、それぞれの政党が議会での論争に臨むことによって、社会がどのような問題をかかえているのか、その解決策となる選択肢は何かを示していくことにつながる。この機能を重視した議会の在り方がアリーナ型議会である。

このアリーナ型議会はイギリスがあてはまるとされている。これはアリーナ（競争の場）で議論を戦わせることをイメージさせるものである。イギリスのように政党の凝集性が高いと、個々の議員は自律的な行動が困難となる。議会での採決には、党議拘束がかけられることがほとんどである。法案の重要度に

第3節　現代の議会政治　*141*

THURSDAY 14TH MARCH
Deadline for tabling: Prime Minister & International Development
The House meets at **9:30am** for **International Trade & Women and Equalities Questions**
At **10:30am: Business Question**
Debate on a motion relating to the NICE Appraisals of Rare Diseases (Whip in Charge: Wendy Morton)
The subject for this debate was determined by the Backbench Business Committee.
THERE WILL BE A RUNNING 3-LINE WHIP FROM 10:30AM AND UNTIL ALL GOVERNMENT BUSINESS HAS BEEN SECURED.

FRIDAY 15TH MARCH
Private Members' Bills (Whip in Charge: Rebecca Harris)
THERE WILL BE 1-LINE WHIP.

RT HON JULIAN SMITH MP
GOVERNMENT CHIEF WHIP

図 6-1　登院命令書の一部
（出典：Alex Wickham の 2019 年 3 月 8 日付け X の投稿）

よって、1 本線（single-line whip）、2 本線（two-line whip）、3 本線（three-line whip）と異なる拘束がかかる。1 本線では、単に議会への登院を要請するに過ぎず、採決も議員の自由意志が尊重される。2 本線では、登院が命令され、投票行動にも部分的に制限がかけられる。3 本線では、登院が命令される上に、採決も完全に拘束される。特に 3 本線が引かれた命令書に違反した場合、重大な処分が行われる可能性もある。したがって、それぞれの議員は、議会での論戦を通じて、法案に修正を加えたり、賛否を示すよりも、争点の提示を行うことを優先するようになる。

　変換型議会とアリーナ型議会は共に理念型であり、何を目指す議会なのかということを示す 1 つの尺度である。実際には、民意の変換だけを目指す議会も争点の提示だけを行う議会も存在しない。これらの理念型は、それぞれの議会を分析・評価する際のツールとして用いることができる。

第7章　政党と政党組織

第1節　政党の概念

1　バークの古典的定義

　18世紀イギリスの政治家バーク（Burke, E.）は、政党を「全員が一致してある特定の主義に基づき、国民的利益を促進するために結ばれた一団」（Burke, 1770）と定義付けた。このバークの定義は今日でもなお古典的定義として重要性を失ってはいないが、やはり時代的制約を受けていることは否定できない。すなわち時の国王ジョージ3世は前2王とは異なり、官職任免権を巧みに活用して積極的に政治に介入し、議会内に「王の友」を組織して、あるいはトーリーを事実上の「王の友」として名誉革命以来の政治的慣行を打破しつつあった。こうした状況の中で、バークはこの定義を示したのである。ホイッグに属するバークからすれば、国王の提供する官職に心を奪われ、国民全体の利益を忘れて目前の私的利益を貪る政治家のグループは「徒党」（faction）であり、自分たちのホイッグこそが彼らと区別さるべき「政党」である、ということになる。この意味では、バークの定義はきわめて党派的色彩が色濃く現れているとも言える。さらにまた、「国民的利益の促進」という点にも18世紀的制約がみられる。18世紀的市民社会においては政治社会内部には基本的な同質性があり、特定の政治家、政治グループが文字通りの「国民代表」として機能することも可能であった。しかし現代では、国民の利益は複雑に絡み合い、政党も何らかの特定の部分的利益と結び付く傾向が強い。したがって形式的には「国民的利益の促進」を掲げる政党があるにせよ、その実体との間にはズレが生じているのである。

第1節　政党の概念　**143**

2　シャットシュナイダーの現実主義的定義

　そこでより現実に即した定義を考察する必要が生じる。アメリカの政治学者シャットシュナイダー（Schattschneider, E.）は、政党の目的とその目的を達成する手段によって政党を定義できるとした。そしてこの目的とは権力を獲得しようとする組織化された企図の中にみてとることができるし、またそのための手段は平和的手段、すなわち選挙における多数の獲得である、とした（Schattscheider, 1942）。したがってこれをまとめてみると、政党とは選挙を通じて権力を獲得しようとする組織であると言えよう。これは前述のバークの定義と比べるとはるかに現実的な定義である。しかし政党の目的は「権力の獲得」に限定されるのであろうか。権力はそれ自体1つの価値であり権力の獲得が目的となることは可能ではある。しかし権力はまた他の価値を実現するための手段でもあり、政党は一般的には政策綱領を掲げ、これを実現するためにこそ権力に接近し、これを掌握しようと努めるのである。

3　ノイマンの包括的定義

　この点を踏まえて、次にノイマン（Neumann, S.）の定義を検討しよう。ノイマンによれば、政党とは「社会の積極的な政治行為者たち、すなわち政府権力の統制に関心を持ち、さらに種々異なる諸見解を抱く他の単数または複数の集団と、大衆的支持を目指して競争する人びとの明確な組織体である」（Neumann, 1956）。この定義には多くの論点が包含され、きわめて包括的であると言えよう。ただ問題点としては、「他の単数または複数の集団と……競争する」という点である。すなわちこの定義に従えば、かつての共産主義国家のように共産党以外の政党を認めない国の政党は政党ではない、ということになる。確かにこうした諸国における政党と自由民主主義国家の政党とは、その性質を異にしていることは否定できない。しかしそのことをもって政党の定義をより狭くする必要はないだろう。

144 第7章 政党と政党組織

4 政党の概念

　以上3つの定義を参照しつつ、次に政党を定義付ける際の論点を整理してみ
よう。まず第1は綱領である。政党は他の諸政党から自らを識別し、その存在
理由を明示するためにも独自の政策プログラムを掲げる必要がある。この政策
プログラムこそが、政党が追求すべき目的である。

　第2は選挙を通じての議席獲得である。政策を実現する方法は武力ではな
く、多数派の形成であり、政策に対する大衆の支持を具体的に示すものが議席
である。

　第3は政策決定過程への積極的参与である。政策プログラムを実現していく
ためには政策決定過程に関与していかなければならない。しかしこのことは必
ずしも政権の獲得を意味するものではない。もちろん政権の獲得は政策決定過
程の支配を意味し、大半の政党はこれを目指しているだろう。だが当面の活動
としては政権獲得にまでは至らない政党も数多く存在している。しかしこれら
の政党もまた、何らかの方法によって政策決定過程にインパクトを与えること
を目指しているのである。

　最後に第4は組織である。政党は組織体であって、しかも恒常的組織なので
ある。

　以上の4点をまとめると、政党とは、独自の政治的プログラムを提示し、選
挙を通じて議席を獲得することにより、政策決定過程に積極的に参与して、独
自の政治目的の実現に努める恒常的組織である。

第2節　政党の機能

1 媒介的機能

　現代の政治社会において政党に期待されている役割（機能）は、媒介的機能
と啓蒙的機能に大別できる。まず第1に媒介的機能から検討しよう。イギリス

の政治学者バーカー（Barker, E.）は、政党は一方の足場を〈社会〉に、他方の足場を〈国家〉に持っている、と述べたが、これは政党の媒介的機能を端的に表現している。この媒介的機能をさらに詳細にみていくと、まず第1に利益集約機能がある。利益集約とは人びとや集団の提起する個々の要求、利益を体系的な政策にまとめ上げて実行可能なものにする機能である。個別的な利益・要求がそのままの形で議会に持ち込まれれば、いたずらに混乱をきたすだけであろう。そこで政党はそれらを一定の政策に集約し、国民の前に提示しなければならない。ところでアメリカのアーモンドは、この利益集約機能に着目して政党を次の3種に類型化した（Almond, 1971）。その1は「世俗的でプラグマティックな取引政党」である。このタイプの政党は特定の宗教やイデオロギーに拘束されることなく、いかなる勢力とも条件しだいでは妥協可能であり、幅広い政策を提示することによって最大限の支持を獲得しようとする政党である。その2は「絶対的価値志向のイデオロギー政党」である。このタイプの政党は絶対的な価値観、強固なイデオロギーに基づき、特定の立場や階級などと深く結び付いている。このため支持基盤は限定されており、集約の範囲は狭いが、支持の強度は高くなる。その3は「個別主義的もしくは伝統主義的政党」である。これは発展途上国に多くみられるタイプの政党であり、特定の人種集団などと完全に同一視されるため、集約能力は低い。

　媒介的機能の第2は利益表出機能である。利益表出とは、非政治的レベルにある利益・要求を政治的レベルに表出させることである。利益表出と利益集約は画然と区別されるものではなく、相互に絡み合っている。利益表出は典型的には圧力団体によって遂行されるが、政党もまた日常活動などを通じて利益表出に関わっているのである。

　媒介的機能の第3は政治的補充の機能である。すなわち、政党は各種レベルの選挙で争われる公職候補者を提供することが期待されている。換言すれば、大衆へのエリートの提供である。政党は一定の理念、政策に基づき、政治的エリートとして相応しい人物を推薦し、大衆の支持を求めるのである。

146　第7章　政党と政党組織

2　啓蒙的機能

　一方、啓蒙的機能としては、まず第1に政治的社会化の機能が指摘される。政治的社会化とは、社会の構成員がその社会で一般に受け入れられている政治的価値観・態度を習得し、それに同化していく学習過程を意味している。政党は時々の政治問題に対し、それぞれの立場から論評を加え、争点を明らかにする等の活動によって、この政治的社会化に関わるのである。

　啓蒙的機能の第2は、政治的コミュニケーションのチャネルとしての機能である。政党は機関誌・紙の発行、マスコミの利用などにより、市民に政治的情報を提供するのである。

第3節　政党組織の発展

　民主主義にとって、政党の存在は不可欠である。誕生から現在に至るまで、多くの批判にさらされている政党は、それでも厳然として生き残っている。ここでは、政党を議論の対象とする上で重要な視座となる組織論の立場から説明を行う。政党組織論とは、政党内部における執行部、平議員、一般党員の間の関係性および政党と支持者の関係を分析するものである。この観点から、複数の研究者が政党組織の在り方を明らかにしてきた。

1　ウェーバーの政党組織論

名望家政党

　19世紀から20世紀にかけて多様な学問領域で業績を残したウェーバーは、イギリスにおいて誕生した政党を参考にしながら、その組織構造を類型化した。17世紀のイギリス革命を契機に誕生した政党の萌芽的存在は、十分な組織構造を有しているわけではなかった。この段階では、有力貴族からなる徒党（faction）に過ぎなかった。

1832 年の選挙法改正後、限定的な選挙権拡大ではあるが、一定の財産を持つ中産階級が政治参加するようになった。その結果、単なる徒党に過ぎなかった集団は変質することになる。新たな集団の特徴は、財産を有する地方の名士同士の個人的つながりによって構築されたものであり、非組織化された状態であった。また、非組織化された状態であるがゆえに強固な組織的規律は存在しない。それぞれの有力者が自律的に行動でき分権的であった。各地域の有力者たる名望家によって形成されることから、このような組織形態は名望家政党として位置付けられた。

近代組織政党

しかしながら、このような組織構造は、参政権がきわめて制限されていたからこそ成り立っていたものであり、選挙権の拡大とともに政党組織の在り方も変化が求められるようになっていった。そこで誕生したのが近代組織政党である。イギリスでは 1867 年に選挙法が改正されて、都市労働者に選挙権が与えられることで、有権者が約 90％ほど増加することになった。この増加した有権者を効率的に取り込むために政党の組織化が進展した。地方ではコーカス制度と呼ばれる統制システムが構築された。そこでは、地元の支持者を対象にした集会が開催され、党の立候補者選出過程に参画することが可能であった。コーカス制度を基にして地方での組織化が進むことで、拡大する組織を支える専従の職員が必要とされた。議員も名望家の単なる名誉職としての立場ではなく、地元の支持者と中央の政治をつなぐ役割が求められるようになる。その結果、各地方の民意を代弁する議員をまとめるために、強固な規律も整備されていくことになった。

2 デュベルジェの政党組織論

幹部政党

ウェーバーは、社会構造の変化に合わせて政党組織の変容を説明したが、20世紀以降の政党組織の在り方について、枠組みを提示したのが、デュベルジェ

148　第 7 章　政党と政党組織

であった。彼は、各地域の有力者を中心とした派閥の連合体としての政党を幹部政党と名付けた。各地域の有力者は、クライエンティリズム（恩顧主義）に基づいた人間関係を構築している。個人的な人間関係によって支持の調達を図る一方で、政治活動を支える費用は、有力者が自ら賄うことを特徴としている。このような関係性の有力者同士の連合体こそが、幹部政党であり、ウェーバーが示した名望家政党が 20 世紀に入っても存続していることが示された。

大衆政党

デュベルジェは、もう 1 つのモデルとして大衆政党を提示した。幹部政党に対して、大衆政党は多くの党員による党費で、その活動が支えられた。また増大する党員は、地方ごとに組織化が行われた。党の活動費が個人党員によって支えられることにより、その活動費が集まる党中央組織の権力が上昇する。したがって、各議員の自律性は相対的に低下することになる。このようなかたちで、中央組織を頂点にしたピラミッド構造の政党組織が作り上げられていくことになった。多くの国において、このような大衆政党という組織構造が定着することで民主主義体制が下支えされていくことになった。

3　政党組織の諸相

包括政党

政党組織のモデルは、なにもウェーバーやデュベルジェの議論に独占されるものではない。政党組織の議論の中で、政党がどのような支持基盤を獲得しようとしているのかに着目して、キルヒハイマー（Kirchheimer O.）は、包括政党（catch-all party）という概念を打ち出した。イギリスに代表されるように、従来の政党間競争は、自由主義政党と社会民主主義政党によって行われてきた。この対立の前提には、社会階級の違いやそれに起因するイデオロギーの相違が存在していた。そのため、それぞれの政党は、イデオロギーに沿ったかたちで政策を打ち出すことにより、安定的な支持基盤の形成を図ってきた。

しかしながら、代表的な例としてドイツでは、第二次世界大戦後にイデオロ

ギー対立の基になった階級間対立が縮小していった。従来とは異なる新たな中間層が発達していったことで、方針転換を行う政党が出現してきた。それこそが包括政党であった。包括政党は、特定の社会階級を狙ったイデオロギー的主張を後退させることで、幅広い支持の獲得を目指した。特定の階級の代表者としての立場を避けることで、利益表出にも変化が生じることになった。政党がさまざまな利益団体へとアクセスすることで、多様な利益の表出を行う。この活動を通して、左右対立を超えた支持獲得を目指すようになる。

カルテル政党

カッツ（Katz R.S.）とメア（Mair P.）は、政党組織の変質について、カルテル政党というモデルを用いることで説明を加えた。従来の研究では、市民社会と政党との関係に着目して議論を重ねてきた。ウェーバーにしてもデュベルジェにしても、市民社会の中で政党が生成され、その組織構造が変化してきたことを指摘している。カッツとメアは、こうした市民社会との関係でのみ政党を捉えるのではなく国家との関係性をも含めて研究を進めた。

政党は、利益を表出・集約することで、市民社会の声を政治に届けてきた。いわば市民社会に立脚しながらも、国家への橋渡しを行う役目を果たしてきた。だが、政党は少しずつ市民社会から乖離するようになってきた。幹部政党の時代では、各有力者に依存するかたちで党の活動が支えられてきた。大衆政党は、多くの党員を獲得することによって、自らの活動費を賄ってきた。このような構造は、政党と国家が相互に浸透していくことで変化をみせるようになる。例えば、政党の活動に対して、国家が助成を行ったり、増大させたりすることによって、相互の浸透は深まってくる。国家からの助成により、政党は市民社会から資源を調達する誘因が低下することになる。結果として、市民社会と国家を媒介する存在であった政党は、その立ち位置を国家へと移行させることにより、市民社会との関係が希薄化していくことになる。

また、国家の助成は、限られた資源の分配という側面を持っており、誰が、どれくらいを受け取れるかが問題となる。選挙などによって競合する政党同士といえども、国家から限られた資源を配分されるという点では、共通利益を持

150 第7章 政党と政党組織

つことから、既存の政党同士が結託することで、助成を独占しようとする。ま
さにこのような政党同士の結託こそがカルテル政党と呼ばれる所以となる。

　ひとたびカルテルが形成されると、既存の政党によって構成されている政治
空間に新党が参入することは困難となる。日本のように、選挙への立候補にあ
たって、高額な供託金を課している国や選挙に多額の費用が掛かる場合、助成
を受けている既存政党は、資金面での優越的立場を確保することになる。日本
の新規政党の多くが既存政党の離合集散によって形を変えていくことになるの
は、1から既存の政党間競争に参入することがいかに難しいのかを示している
とも言える。

第4節　政党システムの諸類型

　政党組織論が政党の内部に着目して議論を進めてきた一方で、政党と政党の
相互関係に着目するのが政党システム論である。政党システムの類型では、サ
ルトーリ（Sartori G.）の議論を参考にする。その後、政党システムがどのよう
な要因によって左右されるのかを明らかにしていく。

1　サルトーリの政党システム論

　政党システムの類型化が行われた古典的業績に、デュベルジェの研究が挙げ
られる。彼は、その国にいくつの政党が存在しているのかという「数」に着目
した議論を展開した。よく知られる一党制、二党制、多党制という分類は、前
述の観点からなされたものである。政党の数によって、その国の政党システム
を測るというのは分かりやすいものであるが、この基準のみで捉える方法は、
必ずしも実態を正確に描くことができないという批判がなされた。そこでサル
トーリは、政党の数に加えて、「イデオロギー距離」という指標を取り入れた。
イデオロギー距離とは、政党と政党の間にあるイデオロギー的差異の大きさを
示したものである。この2つの指標によって、政党システムの類型化を試みよ

うとしたのがサルトーリである。

政党システムの類型

サルトーリが示した政党システムのタイプは7つに分けることができる。まず1つ目は一党制である。このタイプは、文字通り、その国に1つの政党しか存在していないことを表す。政党が1つしか存在していないため、政党間のイデオロギー距離を考慮に入れる必要がない。そのため、この政党システムは、純粋に数のみで判断をすることになる。一党制の国では、支配政党以外の政党を非合法な存在と位置づけることが多い。そのため、権力をめぐる競合が公式に否定されているところに、その特徴がある。

2つ目はヘゲモニー政党制である。ヘゲモニーという言葉は覇権を意味しており、覇権を握る非常に強力な政党（ヘゲモン）が存在する。しかしながら、ヘゲモニー政党制の下では、複数の政党の存在が認められている。ただしヘゲモン以外の政党は、すべて従属的な立場に置かれている。そのため、この従属的な政党は、ヘゲモンという惑星に付随するという意味で、衛星政党とも呼ばれている。政党の数こそ複数あるものの、衛星政党は、ヘゲモンの権威に挑戦することが認められていない。すなわちヘゲモンの意向を無視して、選挙戦に臨むなどの挑戦はできない。中国では、共産党というヘゲモンが存在するのと同時に、複数の政党が認められている。しかしながら、これらの政党は、決して共産党に挑戦することを許されておらず、補佐的な役割を果たすに過ぎない。

3つ目は一党優位政党制である。これまでの2つの政党システムは、政党の数はどうあれ、競合が認められていないがゆえに、固定された支配政党が存在していた。一党優位政党制も政権を握っている政党が固定化しているという点では、前者2つのシステムに共通するところがある。しかしながら、きわめて大きな違いがある。そもそも一党優位政党制では、複数の政党の存在が認められている。また、これらの政党は、自由で公平な競合によって政権の獲得を目指すことができる。この競合の結果として、特定の政党が勝利し続けることによって、一党優位政党制が形作られる。したがって、ヘゲモニー政党制とは特

152　第 7 章　政党と政党組織

徴が異なることに注意が必要である。1955 年から 1993 年までの日本では、複数政党の競合の結果、自民党が一貫して政権を担当してきた。

　4 つ目は二党制である。主要な政党の数は 2 つであるが、二党制の国において、政党が 2 つのみしか存在しないことはまれである。政党の数こそ 2 を超えて複数存在しているが、このシステムはどのような特徴を持つのか。サルトーリによれば、主要な 2 つの政党が絶対多数議席の獲得を目指して競合し、結果的に二党のうちのどちらか一方が議会内過半数勢力を保持し、単独政権を形成している場合に二党制と評価することができるとされている。また、どちらかの政党が単独政権を形成したとしても、政権交代の可能性を秘めた政党が、政権党と対峙していることも、二党制の要素といえる。第二次世界大戦後の長い間、イギリスにおいて保守党と労働党の二党制が観察された。ただし、二党制が本当に維持し続けられているのかという問題を無視することはできない。

　5 つ目は穏健な多党制である。政党数は 3〜5 程度存在しており、これらの政党が競合することで政権獲得を目指している。これらの政党の競合は、「穏健」であることが特徴である。つまり、まったく異なるイデオロギーを持つ政党同士の争いではなく、イデオロギー的差異が僅かなものとなっている。それゆえにこのシステム下にある政党同士は、連立政権を形成するハードルが相対的に低いものとなっている。1949 年に誕生した西ドイツにおいては、キリスト教民主・社会同盟、社会民主党の二大勢力に加えて、自由民主党という 3 つの政党が、その時々に応じて、連立を組みかえることで政権を形成した。

　6 つ目は分極的多党制である。政党の数は、穏健な多党制と大きな違いはない。しかしながら競合の仕方に違いがある。分極的多党制では、それぞれの政党のイデオロギー距離が離れている。サルトーリは、イデオロギー距離が大きい政党間競合の特徴として、反体制政党の存在、左右両極に存在する双系野党の存在、中間勢力の存在を指摘している。したがって、中間勢力と反体制政党の間での妥協には困難が伴い、連立政権を形成することができる政党同士の組み合わせは限定的になってしまう。ワイマール共和国期のドイツでは、当時の体制を擁護していた民主党、社会民主党、中央党といった中間勢力に対して、

体制の変革を目指していた右派のナチス、左派の共産党が存在していた。これらの政党は、根本的な政治理念が異なっていたため、政権形成に苦戦を強いられた結果、政治の混乱に拍車がかかってしまった。

　7つ目は原子化政党制である。政党の数は、雨後のタケノコのように非常に多く存在するが、その中で抜きん出た勢力がいない状態が原子化政党制の特徴である。革命や戦争からの復興など、大きな社会変動の後に、このような状況が生み出されることもあるが、現実には、このようなシステムになるケースはごくまれである。その意味では、前述の6つのカデゴリーに当てはまらないものをカテゴライズするための理論的な枠組みである。

　政党システムの類型化にあたっては、数が議論の中心であり続けた。政党の数をカウントするにしても、実際の政治状況を捉えたものにしようとすると困難に直面する。そもそもどのような政党をカウントすればよいのかというのは、大きな疑問の1つである。サルトーリは、政党システムの類型化を行っただけではなく、政党の数をカウントする際の基準にも言及している。

　彼が示した基準の1つがその政党に連立形成の可能性があるかと言うことである。政党の有意性は、党勢によってのみ判断できるものではない。確かに、あまりにも小規模過ぎるためにカウントする必要がない政党もあるが、小規模ではあるものの、他党から連立相手とみなされ得る場合は、カウントする必要がある。

　また、競合する政党に対して、威嚇・脅迫の可能性を持つ場合も有意な政党として捉える必要がある。これは、その政党が存在することによって、政党間競合の戦術に影響を与える可能性があるのかを表す。政権を目指す政党のイデオロギー位置を変更させる可能性がない政党は有意ではない。これら2つの可能性のうち、どちらか一方でも満たす政党をカウントすることにより、サルトーリは政党システムの類型化を行おうとした。

有効政党数

　政党の数について、選挙結果を使用したカウントの仕方を示した研究もある。代表的な論者であるラークソ（Laakso M.）とタゲペラ（Taagepera R.）は、

154 第7章 政党と政党組織

有効政党数という概念を用いて、政党数を算出しようとした。有効政党数とは、その国において政治的に有意とされる政党の数を、議席率ないしは得票率によって計算したものである。下記の式の分母は、各政党の得票率（もしくは議席率）の二乗を足し合わせたことにより求められる。さらにこの数字を逆数にしたものが有効政党数となり、その国に存在する政党の数になる。得票によって政党がもつ意味を測るのか、議席によって行うのかにより、用いる数値が変化するし、有効政党数自体も変化する。

$$有効政党数 = \frac{1}{\sum pi^2}$$

	議席率
A 政党	50%
B 政党	30%
C 政党	10%
D 政党	10%

$$= \frac{1}{(50\%)^2 + (30\%)^2 + (10\%)^2 + (10\%)^2}$$

$$= \frac{1}{0.25 + 0.09 + 0.01 + 0.01}$$

$$= \frac{1}{0.36}$$

$$= 2.78$$

A. 有効政党数　2.78

　有効政党数は、その国の政党数を客観的に測定する方法として優れているが、その国の政党間競合の実態を理解するという点で、サルトーリの示した考え方も一定の意味がある。これらの考え方を組み合わせることによって、政党の数を把握し、その国がどのような政党システムに分類できるのかを検討する必要がある。

2　政党システムの規定要因

選挙制度

　ここからは、政党システムを形成する要因は何かを論じていく。これは、文化や歴史といった要因や制度によって影響を受けるとする指摘がある。ここでまず挙げられる要因は選挙制度である。政党システムの3類型を示したデュベ

第4節 政党システムの諸類型 **155**

ルジェは、選挙制度が政党システムの形成につながると主張した。デュベルジェの主張は、以下の3要素からなる（Duverger, 1951）。

① 比例代表制は、多党制的で、強固で、自立的でかつ安定した政党システムを促進する

② 2回投票による多数決制は、多党制的で、柔軟性があり、非自立的でかつ比較的安定した政党システムを促進する

③ 単純多数1回投票制は、主要な独立した政党間の権力の交代をもった二党制を助長することになる

これらの主張のうち、①と②が強調されることでデュベルジェの法則と呼ばれるようになり、小選挙区制は二党制を促進し、比例代表制は多党制を促進するという有名な言説が広まるようになった。なぜ小選挙区制が二党制を促進するのかについては、機械的要因と心理的要因という観点から説明が行われている。

小選挙区制では、1人の当選者しか出ない制度であるため、主要な二大政党間の競争となってしまい、第3党以下の勢力が過小評価されてしまう。言い換えれば、得票の割に得られる議席が少ない事態が生じる。逆に二大政党は得票に比して、大きな割合の議席を得ることできる。このことが機械的要因となる。このような制度的特徴を持った小選挙区制において、死票を回避したいと考える有権者は、当選の可能性が低い第3党に1票を投じることは避け、より当選の可能性が高い候補者に投票しようとする。有権者の心理的要因によっても二党制が加速することになる。

また、選挙制度が政党システムに影響を与えるとする立場は、デュベルジェの業績の精緻化を行うことでも補強されていった。リード（Reed, S.）らはM＋1のルールを実証していった。彼らは、選挙区の定数（M）が決まると、その定数に1を加えた数が有意な候補者になると主張した。すなわち、定数が5の選挙区を想定した場合、「5＋1」となり6人が生き残ることを示した。デュベルジェの法則に当てはめても、小選挙区制の定数1に1を加えた2が有力候補となる。

156 第7章 政党と政党組織

社会構造

　選挙制度以外にも政党システムに影響を与える要因がある。社会階層、宗教、人種、言語などの社会的亀裂が原因となって政党システムを形成するという立場である。これは、リプセット（Lipset. S. M.）、ロッカン（Rokkan. S. G.）による凍結仮説として知られている。同仮説によると、ヨーロッパでは、2つの大きな変動によって、1920年代までに4つの社会的亀裂が形成され、その亀裂に対応するかたちで政党システムが形成されているとされた。ここでいう2つの変動とは、彼らが、国民革命（国民国家の形成）と呼ぶものと産業革命である。16世紀から20世紀にかけての変動は、社会に何を生み出したのだろうか。

　フランスでは、16世紀に入ると、国王を中心にした中央機構が形成された。効率的な徴税組織である官僚制を整備したことに加えて、常設の軍隊を備えたことにより、国王を中心にした集権体制を整えていった。対して、地方の役割は軽視されていったことにより、中心と周辺の対立が生まれていった。また、フランス革命に代表されるように、特権的地位にあった教会と中央集権化を進めていた国家の間で、財産やコミュニティの規範をめぐる対立が生じていった。ここでは、国家と教会の亀裂が顕著にみられた。

　産業革命では、イギリスがその典型例として挙げられる。土地を所有する地主利益と新しく勃興する産業資本家の利益が対立し、農村対都市という構図を作り上げた。同時に、産業革命により力をつけていった資本家は、雇用主という立場で、都市に流入してきた労働者との対立関係を深めていった。その結果、「中心―周辺」、「国家―教会」、「都市―農村」、「資本家―労働者」という社会的亀裂が埋め込まれていった。この亀裂を受けて、それぞれの利益を代弁する政党が作られて、各国の政党システムが形成されることになった。

有権者の選好

　政党システム形成の要因として最後に挙げられるのが有権者の選好である。有権者の選好が政党間の競争戦略に影響を与えることで、政党システムが形作られていく。このような考えを定式化したのがダウンズ（Downs. A.）である。

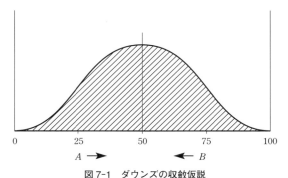

図7-1　ダウンズの収斂仮説
(出典：ダウンズ：古田監訳、1980、p.121)

　ダウンズは、中位投票者（median voter）定理を構築し、一定の条件を前提とした場合、二大政党の下では、2つの主要政党の政策的位置は、図7-1のように有権者の選好分布の中位に位置する投票者が選好する場所に収斂していくことを明らかにした。

　ダウンズは、有権者の選好が収斂する条件として、次の4つを指摘した。①政策争点は左―右の一次元で特徴づけられる。②有権者の選好は単峰型に分布する。③2つの主要政党は得票の最大化を目指す。④有権者は自分の選好に近い政策を提示した政党に投票する。もし、ダウンズが想定するように、政党間競合が収斂していった場合、それぞれの政党の政策的な違いは縮小していくことになる。したがって、有権者の選好が政党システムの在り方に影響を与えると考えることができる。

　このように政党システムは、さまざまな角度からその要因を分析することができる。他方で、それぞれの要因に限界がないわけではない。それぞれの理論の射程を適切に捉えるとともに、その限界を認識することが求められる。

第8章 政治過程と参加デモクラシー

第1節 政治過程の概念と政治文化

政治過程の概念

第1章でも述べたように、政治過程研究の嚆矢と目されているベントレーは、憲法を頂点とした法律によって裏付けられた政治制度の研究、すなわち制度論的ないしは法学的アプローチを政治の「死んだ学問」として手厳しく批判し、政治の生きた現実を分析する必要性を主張した。政治過程の研究とは、まさしく政治の動態を研究の対象としているのである。

政治過程とは、広義においては、国民の間に広く散在している利益や要求が政治的要求に転化され（利益表出）、それらが具体的な政策の選択肢にまとめ上げられて再び国民の前に提示され（利益集約）、国民の選択（選挙）に基づいて政治的決定がなされ、さらにそれが実行に移されていく全過程を意味している。これらはイーストンの政治システム論に従えば、環境から政治システムに「要求」がインプットされ、政治システム内で政策に「変換」されて環境にアウトプットされ、フィードバック・ループを通じて再びその政策に対する支持やさらなる要求が政治システムにインプットされるプロセスを指している。

しかしながら、狭義においては、こうした一連の過程の内、アウトプットに関わる部分を行政過程とし、インプットに関わる部分のみを狭義の政治過程とみなすこともできる。以下においてはこの狭義の政治過程を考察の対象とする。

政治過程の現代的特質

ではこうした政治過程は、具体的にどのように展開されているのであろうか。かつての市民社会においては、政治の主体は自律的理性人としての「市

民」であり、彼らは自らの内なる良心に従い、信頼に値する人物を議会に送り込み、選出された各議員もそれぞれが国民全体の利益の代表者として行動した。もとより政党は存在はしていたものの、それは今日におけるような組織政党ではなく、議員は政党規律に拘束されることなく主体的自律性を留保していた。このような安定的な政治過程が可能であったのは、政治に参加する人間を一定の財産資格を設けて制限し、異質な存在を排除することによって政治社会の同質性を確保していたためであったと言えよう。

　これに対して、現代の大衆社会にあっては個人の果たす役割ははるかに低下している。選挙権の拡大に伴い、政党は膨大な有権者の支持を確保するため全国各地に党組織をはりめぐらし、巨大な党機構を作り上げた。議員となるためには政党の組織力に頼らざるを得ないし、また政党の公認を受けて当選して議員となった以上、党内規律に拘束されることも避けられない状況となった。政党は市民社会の時代とは比べものにならない程に政治過程において大きな比重を占めているのである。ところが、この政党も資本主義の高度化に伴って、複雑多岐にわたる利益を十分に媒介することができなくなった。この政党によって媒介されない利益もまた個人の力のみでは政治過程に表出させることは困難であり、利害を同じくする者は集団を組織して政策の立案・決定・執行の各段階で利益の実現を目指して圧力活動を展開することになる。これが圧力団体である。さらにより最近になり、この圧力団体によってすら媒介されない利益が顕著となった。これらの利益・要求がさまざまなかたちの市民運動・住民運動となって政治過程に出現してきたのである。

　以上のように、現代の政治過程は、個人の占める地位が相対的に低下し、それに代ってさまざまな集団を基礎としつつ、多元的な行為主体によって複雑に展開されているのである。

政治文化

　政治文化については、既に第2章第1節においてアメリカのパイの提示した、「政治過程に秩序と意味を与え、また政治システム内における行動を支配している基本的な前提とルールを与える態度・信条・感情のセット」という定

160 第8章 政治過程と参加デモクラシー

義を紹介した。このパイの定義からも明らかなように、各国の政治文化はそれ
ぞれの国の政治過程のあり方を根本的に規定していると考えられる。

アメリカのアーモンドとヴァーバ（Verba, S.）は、イギリス、アメリカ、イ
タリア、ドイツ、メキシコの計5カ国の政治文化を実証的に比較研究した（Al-
mond & Verba, 1963）。彼らによれば、政治文化は政治的な指向（Orientation）
に関わっており、その指向は次の3つの局面に分けて検討することができる。
第1は「認知的（cognitive）指向」である。これには政治システム、その諸役
割およびそれを占有する者、そのインプット、そしてそのアウトプットについ
ての知識と信条が含まれている。第2は「感情的（affective）指向」であり、
政治システムやその役割、人員等についての感情を意味している。そして第3
が「評価的（evaluational）指向」であり、これは政治的対象についての判断と
意見であるとされる。また政治的指向の対象としては、まず「一般的対象とし
ての政治システム」が採り上げられる。ここには国家に対する感情、政体が民
主的であるか立憲的であるか、また社会主義的であるかといった認識や評価が
含まれる。次いで「政治的行為主体としての自己」が問題とされ、個人の政治
義務を規定する規範の内容と質、および政治システム対個人の競合感覚の内容
と質が検討される。さらに政治システムの諸構成部分については、政策形成の
上向的流れである「インプット」過程と、政策施行の下向的流れである「アウ
トプット」過程が指摘される。これらを整理して図示したものが図8-1であ
る。

以上のような分析枠組みに基づいて、彼らは政治文化を「未分化型政治文

	1 一般的対象としての システム	2 インプット 対象	3 アウトプット 対象	4 対象としての 自己
認　知				
感　情				
評　価				

図8-1　政治的指向の尺度

（出典：Almond, 1963：石川ほか訳、1974、p.14）

	一般的対象としての システム	インプット 対象	アウトプット 対象	積極的参加者 としての自己
未分化型	0	0	0	0
臣民型	1	0	1	0
参加型	1	1	1	1

図 8-2　政治文化の諸型インプット
(出典：前掲、p.14)

化」（Parochial political culture）、「臣民型政治文化」（Subject political culture）、「参加型政治文化」（Participant political culture）に類型化した。まず第 1 の「未分化型政治文化」とは、図 8-1 に示されている 4 つの政治的対象についての指向の頻度が限りなくゼロに近いものを言う。アフリカの部族社会などはこの代表的事例であるが、未分化型政治文化を持つ人びとは政治システムには何ひとつ期待をしていないのである。第 2 の「臣民型政治文化」とは、政治システムとそのシステムのアウトプット過程に対する指向の頻度は高いが、インプット過程と積極的参加者としての自己に対する指向はゼロに近いのである。そして第 3 の「参加型政治文化」とは、社会の成員が政治システム全体、およびインプット過程・アウトプット過程の両面を明白に指向し、さらに自己の積極的参加者としての役割を指向する傾向があるものを意味している。これらを図示したものが図 8-2 である。

　もとより、これらの 3 つの型はウェーバーのいう「理念型」であって、「未分化型」、「臣民型」、「参加型」の政治文化がそのままの形で現実に妥当することはきわめて稀である。実際にはこれら 3 つの類型がさまざまな濃淡を示しながら入り混じっている「混合型」なのである。

第 2 節　選挙と投票行動

1　選挙の機能

選挙が民主的に実施されることは議会制デモクラシーが有効に機能するため

162 第8章 政治過程と参加デモクラシー

の基本的条件であるが、では、選挙は現代の民主的政治過程においていかなる機能を果たしているのであろうか。民主政治が「合意による政治」であると言われるのは、議会が国民の代表者によって構成され、この代表者の定めた法律に従って政治が行われるからである。こうした国民の代表者を議会に送り込むのが選挙である。この意味において、選挙はまず第1に代表機能を果たしている。国民の利益・要求は何よりも選挙を通じて議会に反映されなければならない。しかしまた、議員は国民によって正当に選挙された者であるが故に国民の代表者として行動できるのであり、選挙は彼らに正当性を賦与しているとも言える。議員は選挙を通じて、これまでの政治的行動、選挙に際して掲げた政策、さらには国民代表としての適格性を承認され、正当化されたものとみなすのである。国民代表を議会に送り込む代表機能は、別の観点からすれば正当化機能であるとも言えるのである。

第2の機能は選択の機能である。この選択の機能は次のように3つの局面に分けて考察することができる。有権者は通例、選挙に際して特定の候補者もしくは政党を選択する。それは候補者の人柄による場合もあろうし、また有権者自身の利害関係、政党や候補者のイメージ、さらには候補者もしくは政党のこれまでの政治的業績を考慮しての場合もあろう。いずれにしても、有権者は直接的には候補者または政党を選択するのであるが、その選択は候補者または政党の掲げている政策を選択していることでもある。すなわち、有権者がある特定の候補者もしくは政党を選択した時、たとえ無自覚的にではあろうと政策の選択が行われたものとみなされるのである。したがって選挙で多数派を形成した党派は、それが掲げた政策が有権者によって選択されたものと考え、その政策の実現に努めることになる。

ところで、この政策の選択は、政策の内容如何によっては政治・社会体制の選択にも通じることになる。すなわち、異なる政治・社会体制を目指す政党が互いに有権者の支持を求めて競合している場合には、政治・社会体制の選択が行われる可能性があるのである。

選挙の第3の機能は政治的指導者の補充である。大統領制を採用している国

第2節　選挙と投票行動　*163*

ではこのことは明白であるが、たとえ議院内閣制の場合でも同様のことが言える。議院内閣制では、下院で多数派を形成した党派の指導者が首相に任命され、その首相が内閣を組織することになる。有権者がある政党に所属する候補者に1票を投ずることは、その候補者が所属する政党を支持し、その政党の党首が首相に就任することを期待したものとみなすことができる。わが国のように長年にわたって同一政党が政権を担当していた国ではその実感は薄いが、政権交代が定期的に行われている国では、各政党の党首、すなわち次期首相候補者の政治的力量やパーソナリティが選挙の勝敗に大きな影響を及ぼすのである。

2　投票行動の研究

投票行動研究

投票行動とは、選挙に際して有権者がまず投票所に足を運ぶか否かを決定し、さらにどの候補者もしくは政党に票を投ずるかを決するまでの態度決定、およびその決定に基づく行動全体を意味している。こうした投票行動の研究は、議会制デモクラシーの社会において選挙がきわめて重要な機能を果たしているためもあり、実証的・経験的な科学的政治学を追求する過程で重視され、今日に至るまで数多くの貴重な調査研究が積み重ねられてきた。

エリー調査

投票行動研究の注目すべき先駆的業績は、政治学の科学化にいち早く着手したアメリカにおいてみられた。コロンビア学派と呼ばれるラザースフェルド（Lazarsfeld, P.）、ベレルソン（Berelson, B.）等は、1940年の大統領選挙に際してオハイオ州エリーで調査を実施した。彼らは有権者の社会的属性、とりわけ人種・宗教・居住地域・階層に着目して、これらを政治的先有傾向（political predisposition）の指標とみなしたのである。さらにまた、彼らはマス・メディアとオピニオン・リーダーの社会的影響力にも目を向け、「コミュニケーションの二段の流れ仮説」を提示した。それによれば、情報はマス・メディアから

164 第8章 政治過程と参加デモクラシー

直接大衆に流れ込むのではなく、大衆と日常的にパーソナルな関係を維持しているオピニオン・リーダーを経由して大衆に伝わるのである。彼らはこれをオピニオン・リーダーの「中継機能」（relay function）と呼んだ。

ミシガン大学調査

これに対してミシガン大学の社会調査研究センター（Social Research Center）に所属するキャンベル（Campbell, A.）等は、1948年の大統領選挙以来調査を続け、社会的要因のみでは投票行動を十分に説明することはできないとして、有権者の心理的要因に注目した。彼らは投票行動を決定する重要な3つの要素として、政党に対する帰属意識（party identification）、争点に対する志向、候補者に対する志向を指摘したのである。

合理的選択モデル

また、1957年に刊行されたダウンズの『民主主義の経済理論』（Downs, 1957）は、投票行動研究に新たな視点を提供した。ダウンズは、経済学が経済的合理性によって規定される「経済人」を想定するように、投票行動の研究においてもまず何よりも「合理的有権者」を措定する。この合理的有権者は各政党の掲げる政策が自己にもたらすであろう効用（utility）を予測し、かつそれを量化する。そして合理的有権者は自己の効用所得を最大とする政党を選好するのである。これを式で示すと次のようになる。

$$E(U_{t+1}^A) - E(U_{t+1}^B)$$

ここでEは期待値、Uは1選任期間から有権者が獲得する実際の、あるいは仮説的効用所得を示し、A、Bは政党を意味しており、そしてt+1は選挙後の選任期間を示している。この場合、合理的有権者の採る行動のパタンには3つの可能性がある。まず第1に、上の計算の結果がプラスになった場合であり、この時には合理的有権者はA党に投票するであろう。第2に、計算の結果がマイナスとなる場合には、B党に票を投じる。そして第3に、計算結果がゼロとなった場合には、この有権者は棄権するのである。

投票行動の規定要因

以上のように投票行動についてはこれまでにも多くの調査研究が行われてき

たが、それらは必ずしも投票行動を十分に説明し尽くすものではない。しかしながら、次にこれらの諸説を参照しつつ、投票行動を規定する主要な要因と思われるものを採り上げて検討することにしたい。投票行動を規定する要因は、有権者自身に関わるものと、有権者を取り巻く環境に関わるものに二分して考えることができる。もとより両者は無関係に存在するわけではなく、互いに密接な関係を有し、相互に影響を及ぼし合うものであることを忘れてはならない。

　まず、有権者個人に関わるものから検討しよう。有権者個人に関わる要因の第1としては、有権者の年齢・学歴・職業・性別といった有権者の社会的属性がある。一般に、年齢が高くなればなる程、学歴が低い程、また農林関係者・商工業自営業者・管理職には保守政党に投票する傾向が強いとされてきた。その他、わが国の場合には明確ではないが、諸外国では人種や宗教が投票行動に影響を及ぼしている場合もある。しかしながら、近年では若年層の保守化が指摘されるなど、この社会的属性による投票行動の説明力は低下の傾向にあるとも言われている。

　有権者個人に関わる第2の要因としては、有権者のイデオロギーが指摘される。先に示したダウンズの投票行動モデルにしても、個々の有権者が各政党のもたらす効用所得を厳密に計算することは実際には不可能に近いので、結局のところ、有権者は自己のイデオロギーに最も近い政党を選択することになるであろう。この場合、イデオロギーという意味をあまり厳密に規定するのではなく、むしろ、保守的あるいは革新的、またはその中間的といった政治的態度（political attitude）として捉えた方がよいだろう。有権者の政治的態度が明確となり、これに対応する政党が発見されて有権者と政党との関係が安定的となれば、しだいに有権者は政党への帰属意識を持つようになるであろう。政党への帰属意識を持つ有権者がその政党に投票することは当然であるが、同時に選挙に際して棄権する確率も低下するものと考えられる。

　次いで、有権者を取り巻く環境に関わる要因としては、第1に社会経済的状況がある。その具体的事例としては、有権者の居住地域・居住形態がある。居

166 第8章 政治過程と参加デモクラシー

住地域の問題とは、有権者の居住する地域が都市型であるか農村型であるかという問題である。居住地域は居住者の職業とも密接に関連しているが、一般的に都市型地域では革新的傾向が強く、農村型地域では保守的傾向が濃厚であると言われてきた。しかしわが国の場合にも明らかなように、都市化の進展は必ずしも革新政党の勢力伸長をもたらしたわけではないので、居住地域のみで投票行動を説明することには無理があろう。また居住形態とは、有権者の居住する家が自分の持ち家であるか、それとも借家もしくは公営住宅などのアパート、賃貸住宅であるかという問題である。これは有権者の保有する資産の問題ともみなすことができるが、一般的には持ち家に居住する人は保守政党に、借家、賃貸住宅に居住する人には革新政党に票を投じる傾向があると言われている。1987年に実施されたイギリスの総選挙ではサッチャー率いる保守党が連続3回目の勝利を得たが、この勝利に貢献したのがサッチャーの公営住宅売却政策によって新たに持ち家所有者となった労働者の保守化であると言われている。

　さらに、その時々の経済状況も投票行動に影響を及ぼしている。物価の動向、失業率の増減、景気の状況、また税金問題などは有権者の生活に直接関わるものであるだけに、より重要な意味を持っていると考えられる。物価が安定し、失業率が低く、景気も好調で減税を実施し得る状況であれば、当然、その時の政権党に有利に作用する。したがって、与党は意識的に経済状況が有利な時期に議会を解散したり、また選挙の時期に合わせて好ましい経済環境を作り出そうとする傾向もみられるが、これを政治的景気循環と言う。

　有権者の環境に関わる要因の第2は、政党および候補者の問題である。選挙に際しては、当然のことながら、政党や候補者は自派への投票を呼び掛けて活発な選挙運動を展開し、有権者に働きかける。この働きかけの量と質は、有権者がどの候補者に、もしくはどの政党に投票するかだけではなく、有権者が投票日に実際に投票所に足を運ぶか否かにまで影響を及ぼすであろう。とりわけ候補者が有権者との個人的つながりを強めたり、個人的知り合いであった場合には、有権者の候補者に対する親密度が増して棄権の可能性は著しく減少する

ことになろう。また政党や候補者のこれまでの政治的業績も有権者にとって重要な判断基準となる。したがって、選挙運動の過程において、候補者や政党はしきりにこの政治的業績をアピールし、各政党間の争点が形成されるのである。そしてこの明確化された争点がまた、投票行動を規定する要因の1つとなるのである。

　ところで、この争点の形成についてはマス・メディアの果たす役割を無視することはできない。選挙が迫ると新聞やテレビでは選挙に関する報道が大々的に展開されるが、その際に各政党の政策上の対立点も重要な報道の対象となる。もちろん、マス・メディアは有権者の関心を引き付ける問題や国民生活に密接に関連した問題を取り上げることになるであろうが、結局のところ、どの問題を選択するかは報道する側の判断によるしかない。このようにしてマス・メディアによって取り上げられた問題は有権者の間で選挙の争点として意識され選挙の結果にも重大な影響を及ぼすのである。これをマス・メディアの「議題設定効果」と呼んでいる。

　さらに、投票日が近づくにつれ、マス・メディアでは選挙結果を予測する報道が行われることが多い。この選挙結果の予測報道も有権者の投票行動に影響を与えると言われている。例えばある選挙区で同一政党に所属するか、もしくは政策上の距離が比較的小さな政党に所属する候補者A、Bについて、A候補者は当選確実であるがB候補者は当選圏にもう一息であると報道されたとする。この場合、当初はA候補者に投票するつもりでいた有権者はB候補者に支持を変える可能性がある。また逆にA候補者は当選の可能性がきわめて低いが、B候補者には当選の見込みがあると予測されると、やはりA候補者に票を投じる予定でいた有権者が少しでも自分の1票を有効に生かすために、B候補者に投票する場合も考えられる。これをマス・メディアの「アナウンスメント効果」という。

　以上のように有権者の投票行動を規定する要因は種々に論じられているが、これらはすべての国で、またすべての選挙で同じように有効であるわけではない。数多くの調査研究の積み重ねにもかかわらず、投票行動を説明し尽くす一

般理論は未だに確立されたわけではない。さまざまな要因の複雑な相関関係を考慮に入れつつ、実証的研究を重ねていく必要があろう。

第3節　圧力政治の展開と参加デモクラシー

1　大衆デモクラシーと圧力団体の台頭

圧力団体台頭の社会・経済的要因

　現代の政治状況を分析するに際して、圧力団体の存在を無視することはできない。では、この現代政治と不可分の関係にある圧力団体はどのようにして政治社会に登場し、またどのような理由で政治過程に定着していったのであろうか。

　圧力団体が台頭してきた背景は、社会・経済的要因と政治的要因に分けて考えることができる。まず、社会・経済的要因としては、資本主義経済の高度化に伴う利害対立の複雑化が指摘される。資本主義経済の発達はかつてのような資本家対労働者といった単純な利害対立の図式をのりこえ、諸々のより複雑な利害のからみ合いを生み出した。例えば、「資本」の側でも種々の産業間では当然その利害は異なるであろうし、同一産業内部にあっても大企業と中小企業の利害は必ずしも一致するわけではない。また一方では、生産者と消費者という利害の境界線もあろうし、都市と農山村の利害対立も考えられる。このように複雑に入り組んだ利害関係の中で、自らの利益を擁護し、さらにはより積極的に利益の実現を目指そうとするならば、もはや個人の力のみでは不可能である。そこで利害を同じくする者は集団を結成し、共通する利益擁護のために行動する。もとより、資本家や労働者の既成の団体もこうした方向で一層の努力をするであろうし、また各種業界団体、消費者団体、生産者団体が新たに結成されることもあろう。〈集団の噴出〉といわれる状況がこれである。

圧力団体台頭の政治的要因

　次いで政治的要因を検討しよう。圧力団体が政治社会に登場してくる政治的

要因としては、まず何よりも政府機能の拡大が挙げられる。かつての市民社会は「財産と教養」に裏付けられた理性的・自律的個人によって構成されており、政府に期待される役割はきわめて限定されていた。しかし、普通選挙制の導入は労働者大衆に政治的発言力を与え、政府は彼らの提起する政治的要求に応ずることを余儀なくされた。その結果、政府の職務は比類なく増大し、政府の機能が拡大した。すなわち、大衆デモクラシーの進展が圧力団体の台頭を促したのである。

現代においては人びとの日常生活の隅々に至るまで政治が介入し、もはや政治と無縁の領域はほとんど残されていないと言ってもよい。この意味において、まさしく現代は「政治化の時代」なのである。ところで、こうした政治化の時代にあっては、前述した諸種の経済的・社会的な利益・要求は直ちに政治的利益・要求に転化し、またそれらの利益・要求を追求する団体の行動は即政治的行動となるのである。

政治的要因の第2は、政党の媒介的機能の衰退である。前節でみたように、政党は有権者の増大に対応するため、集票機構の整備に努めた。例えば、コーカス制度のように下級機関が上級機関を選挙するといった民主的原理に基づく機構であっても、一度組織が確立されると上級機関による下級機関の指導、統制が強化され、ミヘルスのいう「寡頭支配の鉄則」が貫徹されるのである。また政党は選挙戦などを通じて常に他の政党との競争、戦いに直面しているため、党内規律を強化してその戦闘力を増大させる必要に追られている。これらの理由に基づいて、党幹部の指導力は強まり、党内官僚制が確立されると、上からの指導は徹底されるものの、下からの声はなかなか上まで届かなくなる。日常的に市民と接触する末端党員の声が党幹部に届きにくい状況が定着するにつれて、政党の媒介的機能はしだいに衰えてくるのである。さらに、政党の媒介的機能は、通常、地域代表原理に基づく選挙を通じて遂行されていくことが多い。ところが、前述したように利害関係が複雑化するにつれて、地域横断的に散在する利益も登場することになるが、地域代表原理によっては政党はこうした利益を吸い上げることができないのである。このように政党によっては媒

介されない利益は地域を越えて組織化され、政治過程に表出されることになる。

2　圧力団体の概念と機能

圧力団体の概念

　ところで、圧力団体とはどのように概念付けることができるのであろうか。ここでは圧力団体に関する標準的定義と思われるアメリカの政治学者キーの考えを手掛かりにしつつ、検討を加えていくことにしよう。キーによれば、圧力団体とは、「候補者を指名したり、政府を運営する責任を求めることによるのではなく、政府に影響力を行使しようとすることで自分たちの利益を促進する……私的な団体」である（Key Jr., 1964）。

　このキーの定義には3つの重要な論点が示されている。まず第1に、圧力団体とは「影響力を行使」する集団である。人びとが集団を結成したり集団に参加する場合、当然その集団を結成したり集団に参加することによって何らかの経済的、社会的、文化的もしくは精神的利益が充足されることを期待している。諸個人が個々バラバラの状態では実現できない利益が集団を結成したり、あるいは集団に参加することによって充たされるからからこそ、人びとは集団を結成したり集団に参加するのである。したがって、集団はすべて何らかの利益と結びついている利益集団であると言っても過言ではない。しかし、こうした利益集団がすべて圧力団体であるとは言えない。利益集団が自己の利益の実現を目指して公共政策の立案・決定・執行の過程で具体的に圧力活動を展開し、影響力を行使する時に、それが圧力団体と呼ばれるのである。したがって、圧力団体とは集団の機能に着目した概念であると言える。またこの圧力活動の展開とは、決して公職の選挙に自ら候補者を立てて争うことではない。圧力団体はいかなる候補者が当選するかには重大な関心を有しており、資金の援助、票の動員などを通じてこれに介入することも多いが、通例、自らが公的な政治責任を負うべき立場にはならない。

第2に、圧力団体は「自分たちの利益を促進する」団体である。圧力団体の追求する利益は社会全体の普遍的利益ではなく、「自分たちの」特殊利益である。現代では政党もまた何らかの特殊利益に結びつく傾向が強いが、少なくとも表面的にはその特殊利益の実現が究極的には社会全体の普遍的利益に合致すると主張せざるを得ない。ところが圧力団体は、より率直に自らの存在理由でもある特殊利益の実現のために行動するのである。このように圧力団体の目的は自らの特殊利益の追求であるから、その目的のためにはいかなる政治的信条を有する政党とも手を結ぶ可能性がある。与党とのみ接触していれば、もし将来政権交代が起きた場合に思いもかけない不利益を被るかもしれない。とすれば、現在は野党であってもある程度の関係を保っておかなければならない。すなわち、政権交代に備えての危険の分散である。

第3に、圧力団体は「私的な団体」である。すなわち圧力団体は一定の組織を有していなければならない。したがって、同じように政策決定過程に影響力を及ぼすことを目的としている一時的な集会やデモ行進などは圧力団体とは言えない。また、圧力団体は「私的な」組織である。警察や軍隊といった公的組織が政策決定過程に大きな影響力を行使する例もしばしば見受けられるが、それはここでいう圧力団体の概念には含まれないと考えるべきであろう。

圧力団体の機能

圧力団体は以上のように概念付けることができるが、次にその政治社会における役割に目を転ずることにしよう。圧力団体の最も基本的な機能は利益表出機能である。元来、圧力団体は既成のルートでは媒介されない利益の実現を目指して政治過程に登場したのであり、いわば政党によっては媒介されない利益の〈伝導ベルト〉の役割を果たしていると考えられる。さらにまた、圧力団体が政策の立案・決定・執行の過程で自らの特殊利益の実現のために圧力活動を展開する場合、できる限り自己に好意的な世論を醸成しておいた方が有利であることは疑いない。そこで、圧力団体は対世論の宣伝活動に力を注ぐことになり、種々の政治的情報を提供するのである。こうした活動は圧力団体の政治的コミュニケーション機能とみなすことができる。

172 第8章 政治過程と参加デモクラシー

3 圧力団体の諸類型

イギリスのマッケンジー（McKenzie, R. T.）は、圧力団体を次の3つに分類して説明した（McKenzie, 1958）。第1は部門集団（sectional groups）であり、共通の経済的利益や集団メンバーの職業に基づく圧力団体である。これは圧力団体の最も一般的な類型であり、例えば、経営者団体、労働組合、各種の業界団体、農民団体、医師会などの職業団体がこれに含まれる。第2は促進集団（promotional groups）である。これは物質的な利益ではなく、何らかの主義、主張、理念の普及・実現を目指している圧力団体である。死刑の廃止や核兵器の廃絶を求めたり、男女の完全平等を実現するために活動する団体はこれに該当するであろう。そして第3は以上2つの類型のいずれにも含まれないもので、集団の本来の目的は非政治的なものであるにもかかわらず、政治状況の如何によって圧力団体として活動するものである。例えば、野鳥の観察を共通の趣味とする団体や、山歩きの愛好者の団体を考えてみよう。これらの団体の目的は本来的には政治とは異質である。しかし、もし大規模な開発が計画され、自然環境が破壊される恐れが生じた場合には、これらの団体は開発の中止を求めて圧力活動を展開する可能性があるだろう。その時、これらの団体は圧力団体となるのである。

またこれとは別に、近年、"民主主義の再生"といった、公共の利益（public interests）を実現するために圧力活動を展開する団体が注目を集めてきた。例えば、1970年9月にアメリカで結成されたコモン・コーズ（Common Cause）という団体は、「公共利益を擁護するために戦う市民運動組織」であり、政治腐敗に挑戦し、組織の援護なしには声を出すことのできない市民に声を与え、公共の仕事を密室の中で行うという政府の古くからの悪弊を打破することを目的としていた（Gardner, 1972）。その具体的活動としては、選挙資金の改革、高級公務員の資産公開、大統領直接選挙制の要求などがある。こうした圧力団体は旧来のものとは異なり、特殊な私的利益の実現を求めるのではなく、より広範な公共利益を追求するが、その戦術は従来の圧力団体と同様であり、幅広

い世論の支持を背景に圧力活動を展開するのである。

4　圧力団体の活動とその評価

圧力団体の評価

　圧力団体の活動については、かねてよりこれを厳しく批判する見解がある一方、逆にこれを現実の政治過程の中に積極的に位置付けていこうとする意見もある。ここではそれらの諸見解を紹介し、圧力団体の活動をどのように評価すべきかを検討することとしたい。

　まず最初に圧力団体を肯定的に評価する見解からみることにする。圧力団体は一定の政治的必然性に導かれて政治過程に登場したのであり、既成の媒介構造によっては実現され得ない利益を追求している。デモクラシーが価値の多元性を前提として、より多くの人びとの利益をできる限り実現することを目指している以上、圧力団体の活動も、またそれが追求している利益の実現も無視することはできない。圧力団体はいわば補完的媒介構造であり、積極的にその存在を認知すべきである、とする主張がある。圧力団体が台頭してきた経緯を考慮に入れるならば、こうした見解には十分な論拠があるといわねばならないだろう。また第1章第3節で紹介したベントレーは圧力団体研究の嚆矢とも目されているが、彼は、政治現象を諸集団がそれぞれ自らの利益を追求して「圧迫と抵抗」を繰り返しつつ、究極的には一定の均衡状態に至るプロセスであるとみなした。こうした考えに基づけば、諸種の集団が展開する圧力活動は政治の本来的な生理現象として理解されるのであるから、当然、これを肯定することになる。ところでベントレーは、諸集団が「圧迫と抵抗」を繰り返しながらやがて一定の均衡状態に至る理由として、「集団への重複加入（集団の交錯）」「習慣背景」の2つを挙げている。まず「集団への重複加入」とは、1人の人間はたった1つの集団にのみ加入していることは稀であり、通常は複数の集団に同時に加入している、という状況を指している。すなわち諸種の集団は個々バラバラに存在しているのではなく、一部のメンバーを共有することによって重な

174 第8章 政治過程と参加デモクラシー

り合っているのである。そのため、集団メンバーの集団に対する忠誠心は分裂しており、ある特定の集団のみが政策決定過程を過度に支配するようになるとその集団メンバーの他方の利益が損なわれてしまうため、集団内部の統制を維持することが困難になる。したがって集団間にはある一定の均衡状態が必要となるのである。これが「集団への重複加入」によって均衡状態がもたらされる理由である。次に「習慣背景」とは、集団活動の背景を成している「ゲームのルール」であり、集団間の争いが過激となり均衡状態達成の見込みが薄れた場合には、その争いに関与している集団よりも一層強力な集団が社会の中に現れ、この「ゲームのルール」を守ろうとするのである。このような集団は自動的に出現する潜在集団あるいは世論であったり、また先に述べた公共利益集団である場合も考えられる。いずれにせよ、こうした「習慣背景」によって均衡状態がもたらされるとみなすのである（Bentley, 1908）。

　一方、圧力団体の活動に批判的な見解としては次のようなものがある。「議会制デモクラシー」という制度的枠組みの中では、政治的利益は選挙などを通じて政党によって議会に持ち込まれ、公開の討議を経てそこで処理されるべきである。何らの公的責任を負わない圧力団体が、自らの特殊利益のみを強引に実現しようとすることは許されるべきではない。こうした見解は、いわば制度論的批判であるといえよう。またシャットシュナイダーによれば、集団活動への参加状況は下層階級よりも中産階級、そして中産階級よりも上流階級の方が参加の比率が高い。したがって圧力団体の諸活動によって実現される利益は、必然的に上流階級の利益に傾きがちである。たとえ諸集団の圧力活動の結果として均衡状態が生じたとしても、その均衡状態は著しく上流階級に有利な均衡状態である、としてベントレーの均衡論を批判したのである（Schattschneider, 1960）。最後に、政治倫理という観点からの批判論もある。圧力団体は公共政策の立案・決定・執行の過程において、最も有力な部分を標的として圧力活動を展開する。その活動は自己の特殊利益の実現を目指してしばしば強引なものとなり、有力政治家、政党幹部、官僚機構との癒着も生じて政治腐敗の温床となる可能性があることは否定できない。したがって、こうした圧力団体の活動

第3節 圧力政治の展開と参加デモクラシー **175**

には厳しい監視が必要とされるのである。

　以上のように、圧力団体の活動には賛否両論があるが、圧力団体が一定の政治的必然性に導かれて政治過程に登場したことは否定できない。このことを前提として考えるならば、圧力団体の活動に対する批判には十分に耳を傾ける必要性は認めながらも、圧力団体の存在そのものを否定してしまうことはできないであろう。むしろ、圧力団体の活動から生じる恐れのあるマイナス面を、いかにして制御していくべきかを検討しなければならない。

5　ロビイストと連邦ロビイング規制法

　圧力団体の活動そのものを規制することは、諸種の政治的・市民的自由との関係からも、かなりの困難がある。圧力政治が最も典型的に展開されているアメリカでは、契約を結んだ雇主の利益を実現するために圧力活動を行うロビイストの行為（ロビイング）を規制する法律、「連邦ロビイング規制法」が1946年に制定された。同法によれば、ロビイストとして活動しようとする者は以下の事項を上・下両院の事務総長に登録しなければならない。すなわち、ロビイストの氏名、雇主の住所・氏名、代表する利益、雇用期間、報酬額およびその支払い者、経費予定額およびその内訳などである。そして登録したロビイストは4半期ごとに上・下両院の事務総長に収支報告をする義務がある。また、立法過程に影響を及ぼす目的で金銭の授受をする場合には、500ドル以上の献金者の住所・氏名・献金総額など、および10ドル以上の受領者の住所・氏名に関する報告書を上・下両院事務総長に提出しなければならない。これらの規定に違反した者は、3年間ロビイング活動を禁止され、また5000ドル以下の罰金または1年以下の禁固、もしくはその双方が科せられる（内田、1980）。

　このようにロビイストの活動を法的に厳しく規制する連邦ロビイング規制法は、別の観点からすればロビイストの存在を法的に承認したものであった。すなわち、ロビイストの存在を全面的に否定することは、到底、政治の実態からみても不可能である以上、これを法的規制の下においてできる限りその活動内

176 第 8 章　政治過程と参加デモクラシー

容を公開させ、監視しようとしたのである。

　圧力団体を直接、法的に規制することは難しいが、政党および政治家への政治資金の流れという点でこれを規制することは可能である。この政治資金を法的に規制するには 3 つの基本的な考え方がある。まず第 1 は、政治家や政党への政治資金の流れを公開し、それを国民監視の下におく方法である。この方法は、政治活動は本来的に自由でなければならないという理念に基づいて、その活動そのものを規制するのではなく単にそれをガラス張りにして、国民の批判に委ねるものである。第 2 の方法は、政治資金の質的・量的規制を含むものであり、選挙の公正さを保持したり、一部の利益との過度の結びつきを防止して金権政治の出現を予防するものである。第 3 は、公職にある者の資産・利害関係の公開制度であり、私的利益のための公職利用を監視するものである。各国は現実にはこれらの方法を併用しつつ、政治腐敗の防止に努めている。とりわけ注目されるのは、アメリカの「政府倫理法」である。同法によれば、正副大統領およびその候補者、上・下両院議員およびその候補者、高級官吏、連邦裁判所判事は、連邦政府以外から支給される年間 100 ドル以上の所得や、親族以外の者から受けた年間 250 ドル以上の旅費・宿泊費・接待などにつき、きわめて詳細な報告書を提出する義務が課せられている。

　一方、わが国においては、とりわけロッキード事件以降、政治倫理確立の要求が高まったにもかかわらず、リクルート事件にみられるような政治とカネとの疑惑に満ちた結びつきは後を絶たず、ようやく 55 年体制の崩壊後にいわゆる政治改革 4 法が実現をみたのである。

6　ネオ・コーポラティズム

　1973 年の石油ショック以降、先進諸国の経済危機を背景としつつ、ネオ・コーポラティズム（Neo-Corporatism）という政策の立案・決定システムに注目が寄せられるようになった。ネオ・コーポラティズムとは、国家からの圧力団体・利益集団への働きかけ、および圧力団体・利益集団からの国家への働き

かけが進行し、政策の立案・決定過程に圧力団体・利益集団の代表が正規に組み込まれている体制を指している。

コーポラティズムという概念は、かつてファシズム・イタリアの組織原理として用いられていたが、今日論議されているのは無論それとは異なっている。ドイツのレームブルッフ（Lehmbruch, G.）は、かつてのそれを「権威主義的コーポラティズム」、現在のものを「自由主義的コーポラティズム」として両者を区別している（Schmitter and Lehmbruch eds., 1979）。こうしたネオ・コーポラティズム体制はいわゆる「利益団体自由主義」（Lowi, 1969）の否定もしくは修正を意味しているものと言えよう。

こうしたネオ・コーポラティズム体制が可能となるためには、何よりも政府・労働組合・使用者の３者間に基本的な協調関係が存在しなければならない。この協調関係を３者が原則的に承認することによって、協議・協力が可能となるのである。次に、それぞれの利益を代表するそれぞれの部門でかなりの集権化が実現されていなければならない。かかる集権化があって初めて、各部門のトップの決定に重みが加わり、トップ間の合意にも現実味が生じるのである。ネオ・コーポラティズムが政治システム内に定着した事例は、オーストリア、オランダ、スウェーデンにみられるが、この体制の定着は従来の政策の立案・決定過程に重大な変化をもたらし、政党や圧力団体の機能も変わらざるを得ない。「圧力団体の効果は、通常、その騒音と反比例する」（Richards, 1978）とも言われるように、表面上はアメリカにみられるような圧力団体の派手な行動は姿を消すであろうが、政策の立案・決定過程における圧力団体・利益集団の実質的な重要性は比類なく高まるであろう。しかしまた、一方では議会における公開の討論が一層空洞化し、国民の目からすれば、政策の立案・決定過程の不透明さは増すことになる。

また、イギリスの場合のように、イギリス産業連盟や労働組合会議といった諸種の圧力団体・利益集団が、政府の設置するさまざまな王立委員会に代表を送り込み、事前に利害を調整する国もある。こうしたシステムは、利害関係者にあらかじめ利益・要求を提示する場を提供するが、政府の側からすれば諸団

178 第8章 政治過程と参加デモクラシー

体の提供する情報は政策の執行にとってきわめて有益であろうし、さらに利害関係団体の同意と助力がなければ円滑な行政は困難となるであろう（Finer, 1958）。ビア（Beer, S.）はこれを「擬似コーポラティズム」（Beer, 1956）と名付けたのである。

第4節　メディアと政治

　政治過程には多くのアクターが関わってくる。本章で扱ってきた有権者や圧力団体もその一部であると共に、マス・メディアもまた同じである。ここではメディアの持つ影響力を捉えることを目的にする。ラジオや新聞、テレビなどの媒体に始まり、現在ではSNSも無視し得ない存在感を放っている。われわれは、これらメディアにどのような影響を受け、どのように活用することができるのであろうか。

1　マス・メディアへの評価

　大衆への情報伝達たるマスコミュニケーションを図る上で、注目されるべきはマス・メディアである。時代の進展とともにマス・メディアは、新聞や雑誌、ラジオ、テレビへとその活動領域を拡げていった。それでは、これらマス・メディアは、大衆へどのような影響を与えていったのだろうか。

強力効果論

　メディアの影響力をめぐって指摘されるのは強力効果論である。この理論が意味するのは、メディアの持つ影響力が強力だということである。1920年代から30年代にかけて、ラジオの普及が一般家庭でも拡がりをみせることで、同じ情報が広範囲にわたって、かつ迅速に提供されるようになった。そうした中、ラジオは、人びとの態度に直接的、即時的、画一的に影響すると考えられた。ラジオから発信された情報は、何かに媒介されるわけではなく、人々に直接届けられることで、その情報に接触した者は、誰でも、即時に認知や態度が

変容するとされた。

限定効果論

　強力効果論は実証的なデータを積み重ねた上で提示された理論ではなかったため、強い批判に晒されることになった。その代表的な人物がラザースフェルドであった。彼を中心とするコロンビア大学の研究チームは、1940年のアメリカ大統領選挙を対象にしたエリー調査によって、強力効果論を修正する研究結果を提示した。

　研究成果の1つ目は、「マスコミュニケーションの二段階の流れ」を明らかにしたことである。強力効果論で主張されたのは、メディアの情報が直接的に伝わることであったが、エリー調査では、人びとの身の回りにいる知識や関心が高い人物（オピニオンリーダー）を介して、情報の伝達が行われるとされた。すなわち、メディアとオピニオンリーダー、オピニオンリーダーと大衆という2段階のコミュニケーションが成立していた。これは強力効果論とは異なる事実を示すものであった。

　また、エリー調査では、メディアは人びとの意識を変える効果（改変効果）を持つのかということにも検討が加えられた。この調査では、対象とされた特定の個人に継続的に質問を行うパネル調査が実施された。パネル調査では、継続的に質問が行われるため、対象の考えが時間と共に変化したのか否かを明らかにすることができる。この手法を用いた結果、ラザースフェルド達は、アメリカ大統領選挙で、投票意図を変えた有権者は8%ほどに過ぎなかったことを明らかにした。したがって、同調査では、メディアの改変効果は極めて限定的であるという結論が導き出された（Lazarsfeld, 1968）。

　ただし、メディアの影響力は異なった観点で評価された。それは、「補強効果」の存在である。選挙への関心が高く自ら積極的に情報の獲得を行う者は、接触するメディアを選択している。自身の考えと親和的な報道を行うメディアに繰り返し接触する一方で、反対のメディアにはほとんど接触しない。そのため、自身の考えが変化する機会が制限されるものの、同意見を持つメディアには接触するため、ますます元からの考えが補強されることにつながる。

180 第8章 政治過程と参加デモクラシー

選挙に関心が低い者は、そもそも能動的にメディアの情報に接触しない。加えて、マスコミュニケーションの二段階の流れが示しているように、メディアの情報は直接的には伝わらない。そのため、選挙への関心が低い層には、改変効果も補強効果も生じ得ないのである。こうしたエリー調査による研究によって、メディアには限定的な機能しかないことを表す限定効果論が提起された。

新・強力効果論

このような研究の趨勢に変化が生じるようになったのが1960年代である。アメリカでは1950年代から、テレビの普及が一気に加速し始める。そしてテレビの影響力が認識されるきっかけになったのが1960年に行われたケネディ (Kennedy, J.F.) 対ニクソン (Nixon, R.M.) による大統領選挙の候補者討論会である。当時、副大統領を務めており、政治的キャリアを積んだニクソンに対して、ケネディはその若さゆえに経験不足の声が上がっていた。このような2人が討論会に臨んだのだが、テレビ中継があることを意識していたケネディは、化粧や衣装に気を遣うことで、視覚情報が与える効果について、十分な準備をした。ニクソンは、討論会の本旨は互いの主張を戦わせることであると考えて、化粧にも衣装にも注意を払わなかった。ケネディのイメージ戦略通り、この討論会をテレビで視聴した有権者の多くは、彼に好意的な評価を与えた。しかし、ラジオで討論会を聞いた有権者の多くは、ニクソンに好意的な評価を与えた。このことは、テレビという新しいメディアの影響力を研究させるきっかけになっていく。

これまでの研究は、メディアが人びとの意見を変え得るのかという点に着目してきたが、新しい潮流は、これまでとは異なる視点を提供した。その1つが議題設定機能である。メディアは、人びとが何を問題とし、何について考えるかという認知の側面に影響を及ぼすのではないかという可能性が模索された。社会で発生するさまざまな出来事について、メディアにより発信されたことによって、人びとは、その問題を認識する。インターネットやSNSが発達していなかった当時は、現在に比べて人びとが社会の問題に気づくのには制限があった。そのため、メディアが重要だと思う出来事が繰り返し報道されることに

よって、人びとの問題意識も醸成されるようになる。つまり、メディアが社会的に争点となるような議題を設定することができるのではないかという立場が示されるようになった。

そして、メディアの報道により何が重要な問題であるかが人びとに認知されると、問題の評価にもつながるのではないかという考えが提起された。プライミング効果として知られる理論は、メディアがどのような争点を重点的に報じるかによって、政治指導者に対する人びとの評価基準が左右されるというものである。政治と金の問題を取り扱った報道量が増えれば、この問題を重視した評価が下されるようになるだろうし、経済対策の問題が強調されれば、そちらを重視した評価が行われる。

加えて、報道の仕方によって人びとの問題に対する解釈や評価が変わるのではないかという立場からフレーミング効果が主張された。これはメディアがどのような枠組みで報道を構成するのかということに着目したものである。貧困問題を取り扱う報道において、個人の生活状況の困難さに重きを置いて伝えるのか（エピソード型フレーム）、国の雇用政策などの経済対策を重視して報じるのか（テーマ型フレーム）によって、問題の責任が個人にあるのか、社会にあるのかという評価が異なってくる。ここでもメディアの報じ方による影響が指摘されている。

アナウンスメント効果

選挙の実施にあたっては、各メディアが世論調査を基にして候補者の当落可能性などの情勢を発表している。この発表が有権者の投票行動に与える影響をアナウンスメント効果と呼ぶ。アナウンスメント効果には、バンドワゴン効果やアンダードッグ効果が存在する。

バンドワゴン効果とは、メディアが一方の候補者の優勢を報道すると、有権者の投票がその候補者に集中することを指している。反対に、アンダードッグ効果とは、メディアが一方の候補者の優勢を報道すると、有権者はそれとは別の候補者に投票することを指している。まったく異なる結果を生み出す影響を与えるようにみえるアナウンスメント効果であるが、バンドワゴン効果とアン

182 第8章 政治過程と参加デモクラシー

ダードッグ効果のどちらがより顕著に表れるかについては論争がある。

　しかし、有権者がメディアの報道を能動的に利用することはできないのだろうか。アナウンスメント効果は、一見すると有権者がメディアの情報に踊らされており、合理的な選択をしてないようにもみえる。だが死票という視点から考えれば、自らの利得を最大化するために行動している可能性もある。例えば、小選挙区制を採用する選挙において、有権者が自身の1票を死票にしないためには、優勢と報道された候補者に票を投じることが合理的となる。他にも自身が支持する政党の議席数を最大化したいという観点で考えた場合、大選挙区制においては、当選確実と報道されている支持政党の候補者に票を投ずるよりも、落選の危険性がある候補者に投票することが合理的であろう。このように、メディアの報道を受動的に受け入れるだけではなく、能動的に活用する余地があることに注意を払う必要もあるだろう。

　日本では、「バッファープレイヤー」という概念から有権者の投票行動の合理性を説明している理論もある。この理論における、バッファープレイヤーとは、基本的に自民党政権を望むが、過度に与党が勝ちすぎない与野党勢力が拮抗状態になるように投票を行う者を指している。55年体制下の日本では、社会党への政権交代は望まないが、自民党に過度な勝利を与えることも望まない有権者が一定数存在していた。そのため、予測報道で自民党の優勢が報じられると、バッファープレイヤーは棄権や野党候補への投票へと行動を変化させる。逆に自民党の劣勢が伝えられると、バッファープレイヤーは自民党に投票するようになる。ここでも、有権者は合理的に行動し得るという可能性があったことを示している。

2　SNS時代のメディアと政治

SNSと「アラブの春」

　ここまでの議論では、ラジオやテレビといったマス・メディアの影響についてみてきたが、ここからはSNSという比較的新しいメディアが持つ可能性を

論じていく。2000年代に入ってから少しずつSNSが普及し始めたことに伴って、政治の在り方にも影響を与えるようになってきたと言われている。世界的に目を向けると、2010年から始まった「アラブの春」と呼ばれる一連の政治変動のきっかけになったのがSNSであった。従来のマスコミュニケーション関係は、発信する側のメディアと受信する側の受け手の役割が固定されていた。しかし、SNSが普及したことで、一般の人びとが情報の発信者たることが可能になった。このことにより、情報の拡散は、これまでにないスピードをみせることになっていった。アラブの春においては、一般人がデモを呼びかける情報発信をすることで、参加者の拡大を促した。この背景には、SNSが持つ情報の拡散力という技術的な要素がある。

　情報の拡散力に加えて、誰もが情報発信をすることができるようになったことも見逃せない。権威主義体制の国にあっては、メディアを統制する動きが多くみられるが、誰もが情報の発信者となることができる時代において、そのすべてを取り締まるには莫大なコストがかかる。そのため、十分に検閲しきれない情報が無数に発信されることで、国際社会の目が向き、独裁者が弾圧しようとする行動を抑制することにつながった。このような形でSNSがアラブの春の動きを後押しした。

SNSとアメリカ大統領選挙

　SNSが大きな影響力を発揮した事例として、2016年のアメリカ大統領選挙を挙げることができる。大統領候補であったトランプ（Trump, D.J.）がTwitterなどのSNSを駆使することで、有権者に対して積極的な情報発信を行った。トランプがSNSを多用した背景には、「フェイクニュース」という言葉に代表されるように既存のメディアに対する不信感が存在した。このような不信感は、有権者の間にも共有されており、自身の政治姿勢と異なる報道は偏向があると批判されていた。大統領候補者と有権者が共に既存のメディアに対して不信を感じていた結果、双方がSNSを通じて、直接情報の発信と受信を繰り返すようになった。

　SNSでの直接的な情報のやり取りでは、必ずしも十分なファクトチェック

184 第 8 章 政治過程と参加デモクラシー

がなされないケースも多い。また、SNS においても選択的接触が行われており、情報の受け手は、自身の政治信条に合致する発信者をフォローする傾向がある。このようなフォロー相手が増大していくと、自身のタイムラインに流れてくる情報は画一的なものになりがちである。似たような志向性の情報に触れ続けることで、ますます自身の考えが正当化されていき、異なる観点から相対化を行うという考えから遠のいていく。まさに SNS のフォロイーとフォロワーによる閉じられた空間の中で、お互いの声（意見）が反響し合うことで、自らの考えを一層強化するエコーチェンバー現象が生じることになる。このような現象を通じて、トランプは、有権者の中で大きな熱狂の渦を作り出すことに成功し、大統領の座を獲得するに至ったのである。

　もちろん SNS の発達は、アラブの春という政治変動やアメリカ大統領選挙のみに影響を与えるものではない。日本でも、図 8-3 に示されるように SNS を中心にしたインターネットの利用が広がっている。また、インターネットの中でもソーシャルメディアや動画共有サービスの利用は、10 代、20 代、30 代で顕著になっている（図 8-4）。Google などの検索エンジンや X、YouTube、TikTok などのサービスは情報を入手する上で多大な便宜を与えてくれる一方で、動画や投稿の視聴履歴、検索ワードの履歴などからユーザーの好みを学習して自動的におすすめを生成していく。すると自身の興味・関心や考え方に適した情報には接触しやすくなるものの、そうでない情報は目に触れにくくなっていく。その結果、エコーチェンバー現象が生じていく。

　エコーチェンバー現象に伴い、世間一般と自身が所属するコミュニティとの境界性が不明確になることで、自らの考えを絶対視するようになってしまう危険性が存在する。これは、決してアメリカ社会にのみみられた現象ではない。それぞれの人間が、各々の立場を先鋭化させた先にあるのは、互いに妥協を許さない分断した社会の創出である。情報の交換が容易になり、原子化された個人がネットを介して結びつき易くなる現代だからこそ、自らの考えを相対化できる視野の広さが求められている。

第4節 メディアと政治 *185*

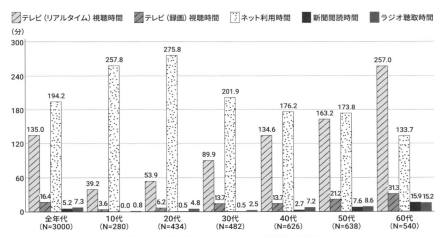

図 8-3 ［平日］主なメディアの平均利用時間

単位=分	全年代 (N=3000)	10代 (N=280)	20代 (N=434)	30代 (N=482)	40代 (N=626)	50代 (N=638)	60代 (N=540)
メールを読む・書く	44.7	15.6	37.4	44.4	45.2	55.9	52.1
ブログやウェブサイトを見る・書く	26.2	16.9	26.0	30.3	30.4	29.7	18.5
ソーシャルメディアを見る・書く	38.9	56.0	79.4	45.3	31.9	27.3	13.8
動画投稿・共有サービスを見る	54.0	112.1	101.4	54.9	41.1	30.4	27.9
VODを見る	16.7	26.4	29.9	23.1	10.0	10.9	10.0
オンラインゲーム・ソーシャルゲームをする	24.2	66.6	41.4	27.4	20.9	10.2	5.7
印刷物の電子版を見る	5.3	4.9	9.8	7.0	5.4	4.6	1.4
遠隔会議システムやビデオ通話利用	8.9	9.0	7.6	14.3	10.9	6.6	5.3

	男性 (N=1520)	男性10代 (N=144)	男性20代 (N=222)	男性30代 (N=246)	男性40代 (N=320)	男性50代 (N=322)	男性60代 (N=266)
メールを読む・書く	54.8	8.6	35.5	55.3	51.0	82.4	66.6
ブログやウェブサイトを見る・書く	33.3	15.7	33.0	42.1	30.8	41.5	28.2
ソーシャルメディアを見る・書く	35.2	55.9	71.5	40.4	24.5	24.4	15.0
動画投稿・共有サービスを見る	63.8	131.7	121.9	65.9	44.9	32.6	36.9
VODを見る	14.8	26.0	27.7	22.2	3.7	9.9	10.2
オンラインゲーム・ソーシャルゲームをする	35.0	98.1	63.1	40.8	31.4	12.0	4.4
印刷物の電子版を見る	5.9	5.6	10.9	9.8	3.1	5.3	2.3
遠隔会議システムやビデオ通話利用	14.4	15.1	10.6	24.7	17.3	10.1	9.3

	女性 (N=1480)	女性10代 (N=136)	女性20代 (N=212)	女性30代 (N=236)	女性40代 (N=306)	女性50代 (N=316)	女性60代 (N=274)
メールを読む・書く	34.3	23.1	39.4	33.0	39.1	28.8	38.0
ブログやウェブサイトを見る・書く	18.9	18.2	18.7	18.1	30.1	17.6	9.1
ソーシャルメディアを見る・書く	42.7	56.0	87.8	50.3	39.5	30.3	12.7
動画投稿・共有サービスを見る	44.0	91.3	80.0	43.5	37.0	28.1	19.2
VODを見る	18.7	26.8	32.1	24.0	16.6	11.9	9.8
オンラインゲーム・ソーシャルゲームをする	13.0	33.2	18.7	13.4	9.9	8.3	6.9
印刷物の電子版を見る	4.8	4.1	8.8	4.0	7.7	3.8	0.5
遠隔会議システムやビデオ通話利用	3.2	2.4	4.5	3.5	4.2	3.1	1.4

図 8-4 ［平日］インターネットの利用項目別の平均利用時間
（出典：総務省「令和5年度情報通信メディアの利用時間と情報行動に関する調査報告書」）

第9章　地方自治とデモクラシー

　20世紀初頭にイギリスの政治家・政治学者ジェームズ・ブライスは『近代民主政治』において「地方自治は民主政治の最良の学校であり、その成功の最良の保証人」と述べた。地方自治は住民（国民）が民主政治を学び、実践する場であり、それが国レベルでの善き民主政治へとつながる。政治において、国民や住民の意思を政策に反映することは重要である。

第1節　地方自治の基本原則

　第二次世界大戦後、連合国最高司令部（GHQ）により日本のさまざまな分野で民主化改革が行われた。地方自治もその例外ではなく、戦前の大日本帝国憲法には何の規定もなかったが、日本国憲法においては地方自治に関する条項が明示された。すなわち日本国憲法第8章（92条〜95条）において「地方自治」の諸原則が規定されたのである。

地方自治の本旨

　憲法第92条は地方自治の基本原則を規定しており、「地方公共団体の組織及び運営に関する事項は、地方自治の本旨に基いて、法律でこれを定める」と定められている。この「地方自治の本旨」の具体的な内容は団体自治と住民自治から構成されると理解される。

　団体自治とは、「国からある程度独立した法人である地方公共団体に、意思決定の自由が制度的に保障されていること」であり、住民自治とは、「住民に地方公共団体の意思決定への参加が制度的に保障されていること」であるとされる（吉野、2015、p.204）。

二元代表制

第93条では地方公共団体の議事機関として議会を設置しなければならないこと、また地方公共団体の長および議会の議員が当該地方公共団体の住民により直接選挙されることが規定されている。すなわち議会を構成する議員も、自治体の首長も共に住民によって直接選挙されるのである。したがってこれを二元代表制と呼んでいる。

日本の国レベルの統治機構は議院内閣制である。有権者は選挙によって国会議員を選び、国会議員が首相を選出する。しかし地方自治体においては大統領制と同様に住民が行政の長である首長を選挙できる。その意味では、政策決定に関わる議会、行政の執行を担う行政に対しても住民の意思が反映される制度となっている。しかしながら、日本の地方自治体における二元代表制では、首長側が議会の議決について異議がある際に再議を要求する再議権や予算・条例案の提出権など多くの権限を有しており、首長に有利な制度となっていることには留意する必要がある。

また議院内閣制に特有な仕組みである首長に対する不信任決議権を、議会は有している。ただし、それに対して首長側は10日以内に議会を解散することも可能である。こうした議院内閣制的な制度が内包されていることも、日本の二元代表制の特徴である。

なお、第二次世界大戦前は府県の長である知事は国の官吏が派遣される、官選であった。かつて府県は国の地方行政区画であったが、現在は自治団体となった。

地方公共団体の権限

第94条では、地方公共団体の財産を管理すること、その事務を執行することおよび、当該自治体の行政を執行する権限が規定され、さらに法律の範囲内で条例を制定することができると定められている。

こうした日本国憲法の基本的な規定を基に、地方自治法を中心として法令において日本の地方自治制度は成り立っている。

188 第9章 地方自治とデモクラシー

第2節 日本の地方自治制度の特徴

1 地方自治制度の類型

　地方自治制度は、イギリスを中心とした英連邦やアメリカなどのアングロ・サクソン型とフランスやイタリアをはじめとするヨーロッパ諸国およびその影響を受けたラテン・アメリカ諸国などのヨーロッパ大陸型に一般的に大きく分類される。日本は後者に分類される。

アングロ・サクソン型

　まず、アングロ・サクソン型では、憲法で中央政府と地方政府の権限について明記する「制限列挙方式」が採られる。地方政府はそこに記された以上の権限を行使することができず、それに抵触した場合は司法の判断が仰がれる（権限踰越の法則）。また、中央政府と地方政府は独自の行政機関を有し、政策の執行、サービス提供を行う。そして、中央政府には地方自治を司る行政機関が存在しない。このように、アングロ・サクソン型の地方自治は、分権的、分離的な特徴を有するとされる。

ヨーロッパ大陸型

　一方、ヨーロッパ大陸型では憲法などで中央政府と地方政府の権限を包括的に記述する「概括例示方式」が採られ、中央政府の定める法律などで地方政府の権限等が示される。また、中央政府は地方政府に対して、自らの事務を委託し、管理する方式を採る。そして、中央政府には地方自治を含む内政の総括官庁としての内務省が存在する。このようにヨーロッパ大陸型の地方自治は、集権的、地方自治体は自らの事務と国の事務を執行するような融合的な特徴を有するとされる。

第3節　地方分権改革　**189**

2　日本の地方自治

日本の地方自治の基本的性質

　日本でも、市町村や都道府県の首長に機関委任されて実施される国の事務である機関委任事務が地方自治体の事務の多くを占め、事務処理に関しては国の指揮監督を受けてきた。

　なお、日本では、第二次世界大戦後に地方自治をはじめ広範な権限を有していた内政の総括官庁たる内務省が解体された。その後、地方自治を管轄する中央省庁として1960年には自治庁が設置され、その後自治省へと昇格し、総務省に併合された。

地方財政

　日本の地方自治は、地方財政の側面からも中央政府の影響が強いものと考えられる。かつては「3割自治」と言われたように、地方自治体の自主財源は総じて30％程度であり、それ以外は国からの地方交付税交付金や国庫支出金など依存財源によるものであるとされた。実際の地方自治体の事務執行に必要な支出に占める依存財源の割合は6割程度であるにもかかわらず、現在でも自主財源は総じて4割程度である。

　このように日本の地方自治制度は、国との関係の強い制度設計であり、財政的にも国に依存する基本的な性格を有している。

第3節　地方分権改革

1　第1次地方分権改革

機関委任事務

　日本の地方自治制度は集権的な性格を有するものと考えられてきた。その最たるものとして挙げられてきたのが機関委任事務制度である。そのもとをたどると戦前にも遡る。機関委任事務制度とは、地方自治体の長を国の機関とし、

190 第9章 地方自治とデモクラシー

国の事務を執行させるというものである。国の事務を執行するにあたっては、その監督、管理は国が行う。つまり、集権的な関係あるいは上下の関係を形成するものであったのである。これらは地方自治体の事務の多くを占めており、これらの解消が学界等で大きな論点となっていた。

　国の行政改革の議論の過程で地方分権が注目され、1980 年代の第 2 次臨時行政調査会は地方分権にも言及した。こうした行政改革の背景には、経済の低成長に伴う政府の財政悪化もあり、先述のように財政の多くを国に頼らざるを得ない地方自治体の効率化等も喫緊の課題となっていた。

第 1 次地方分権改革

　地方分権の流れは、1993 年 6 月に衆参両院で「地方分権の推進に関する決議」が全会一致で採択されたことで大きく動き出した。同年 8 月には細川内閣が誕生し、政治改革の機運が高まると分権改革の前進も見込まれた。さらに 1995 年に地方分権推進法が制定され、地方分権推進委員会（分権委）が発足し、地方分権改革の議論が本格的に開始された。その後、1999 年 7 月に「地方分権の推進を図るための関係法律の整備等に関する法律」（地方分権一括法）が成立し、地方自治法など関連法令 475 本が一括改正された。これらの一連の改革は第 1 次地方分権改革と呼ばれる。

　この改革により、機関委任事務は廃止され、地方自治体の事務は法定受託事務と自治事務を中心に再編され、これらの事務に関し、地方自治体の裁量が高まった。機関委任事務は国と地方を上下・主従の関係にするものと考えられていたため、これを廃止することによって国と地方の対等・協力の関係を構築することを目的としていた。地方自治体の事務は、すべて自治体の事務である自治事務と、国が本来果たすべき役割で国が適正な処理を確保すべき事務で法令により委任される法定受託事務に主に振り分けられた。そして、いずれもが地方自治体による条例制定など関与の対象となった。

　また、国から地方自治体への関係の新たなルールも構築された。かつて省庁は省令や通達等による自治体の統制を行ってきた。国の関与は法定主義の原則、一般法主義の原則、公正・透明の原則に沿い新たにルール化された。その

ほかに、自治体の人事権や組織編成を制約する必置規制の廃止・緩和も行われた。

　総務省に第三者機関である国地方係争処理委員会が創設され、都道府県、市町村が国の関与に対して不満を持つ場合、審査の申し出をし、委員会が国の関与が違法・不当と判断した場合には国に勧告することが可能となった。さらに地方自治体は不服があれば、高等裁判所に提訴できる。

平成の大合併

　分権改革と同時にいわゆる平成の大合併が行われた。その主たる目的は地方自治体の行財政能力の強化であった。また、分権改革を進めるにあたっては、それに対する懸念や反対派を説得することも必要とされ、その材料としても合併の必要性が主張された。つまり、権限が基礎的自治体である市町村に移譲される中で、合併によりその受け皿としての地方自治体の行財政能力が強化されるというものであった。それ以前も明治の大合併や昭和の大合併が進められたが、これらは国が主導しつつも新たに地方自治体に求められる行政サービスの提供に基づいてその世帯や人口などの規模に関する目標が掲げられていた。しかし平成の大合併についてはそうした規模や目的が明確に示されなかった。国は合併することによって実質的に国が多くを返済する地方債である合併特例債などの特例や地方交付税の運用の変化などで合併の促進を図った。結果として、1999年には3232あった市町村は2009年には1760に減少した。行財政能力の強化という点では小規模自治体の合併が期待されたが、そうした地方自治体の合併が進まない地域もあり、合併状況の差異がみられたことや地方自治体の面積は拡大した一方で役所や支所へのアクセスが不便になったり、かつての合併前の議員が新たな地方自治体では選出されないなどデモクラシーでの問題なども指摘された。

192 第9章 地方自治とデモクラシー

2 第1次地方分権改革の課題とその後の改革

三位一体の改革

　このように進んだ地方分権改革だが、その課題も指摘された。国と地方自治体の関係は団体自治の問題と捉えられるが、住民自治についてはその影響が少なかった。また、事務のあり方の変化等で地方自治体の裁量は高まったが、それを担保する財源が問題とされていた。

　その後、小泉純一郎首相（当時）による「三位一体の改革」が実施された。この改革は国庫補助負担金（補助金）の廃止・削減、国から地方自治体への税源の移譲、地方交付税の改革といった主として3つの改革を進めるものであった。これにより地方財政に一定程度の影響があったとされる。つまり、「3割自治」と呼ばれるように地方自治体の自主財源率は3割程度であったものが、総じて約4割へとなった。しかしながら、この改革に対しては補助金が存続することで国の関与は残り、地方交付税の削減により財政状況の厳しい地方自治体へ悪影響をもたらしたと批判的な評価もされている。

地方分権改革推進法

　2000年代後半にはさらなる地方分権改革を進めるための動きがあった。2006年地方分権改革推進法が制定され、その後の改革は第2次地方分権改革とされる。地方分権改革推進委員会を中心に改革のあり方が示されてきた。当初、地方財政の充実や「地方政府」の実現を目指すといった地方分権のさらなる推進を目標としていたが、実際には法令内に残された地方に権限移譲可能な項目の洗い出し・修正などいわゆる「義務付け・枠付け」（国が法令で地方自治体の事務の実施や方法を制約すること）の見直しの進展など一定程度の進展はあったとされる。

地方創生

　近年では「地方創生」を合言葉に、国が中心となり地方自治体の優良事例に対して補助等を行う政策が進められているが、地方分権や地方自治体の行財政における自立といった動きは弱まってきているとみられる。

地方分権改革の発端は国の財政悪化などの影響も受けているが、地方自治へスポットライトがあたり、国と地方の関係が変化した。国の影響力が弱まり、地方自治体の裁量が高まる制度的な基盤は整い、住民自治なども発展の兆しをみせていた。しかしながら、2000年代後半以降の経済の悪化などもあり、期待されたような成果はみられなかった。今後はこうした国の改革によるインパクトにもよらずとも、地方自治を充実させる方策なども考えていく必要があると思われる。

第4節　日本の住民参加

日本の地方自治制度改革では、戦後の民主的な地方自治制度の導入（公選の首長、直接請求制度など）など民主的な制度も導入されてきた。その後、日本の中央と地方の関係を規定する法制度については自治省など中央省庁にも1960年代以降は大きな変化がなかったが、運用を通し、日本の地方自治、特に住民自治の側面は発展してきたと考えられる。高度経済成長の負の側面としての公害やそれに対する住民運動の発展、行政の住民対応、高度経済成長により財政が豊かになった都市部の自治体において全国的に展開した革新首長の誕生とその施策（福祉の充実、住民との対話等）などにより日本における住民自治は成熟してきた。その後、地方分権改革を経て注目された公共部門における民間、住民との協働による変化等も地方自治体における住民参加を強く促してきた。

1　住民自治の展開

住民自治の発展

1950年代～1960年代には、戦後の復興から急速に工業化が進み、産業公害が都市部を中心に広まった。それに対する行政の対応は十分ではなかったこともあり、公害発生地区の周辺住民の企業や行政等に対する住民運動が展開され

てきた。地方自治体に対しての住民運動は自らの要望等を主張することが中心
であり、行政に対する抵抗型の住民運動であった。これに対し、行政側、地方
自治体は未だ経験がなく、対策を模索していたところであった。その後、地方
自治体側も住民運動に対する対応などの対策を備え、住民との関係が形成され
てきた。

　1960年代～1970年代には、都市部を中心に革新政党の支持・推薦を受けた
首長を擁する革新自治体が登場した。飛鳥田一雄横浜市長、美濃部亮吉東京都
知事、黒田了一大阪府知事などが代表である。革新自治体は潤沢な財政状況も
あり、高齢者の医療費の無償化などの福祉政策の充実や環境政策を推進し、住
民の利益の充実を目指した政策を導入してきた。さらに、革新首長は市民との
対話の重視、行政の住民への歩み寄りなどを進めてきた。こうした経験を経
て、住民の行政への信頼も築かれ、いわゆる要求型の住民運動が進められてき
たと考えられる。

　政治の歴史をみると、現在の政治体制の基本であるデモクラシーは、市民革
命を通して、絶対王政など一方的な権力行使を行う主体を打倒する流れの中か
ら成立してきた。日本の国レベルの民主化はそうした経験を経て達成されたも
のではないが、住民運動は住民自治の実践によってブライスの述べた「民主政
治の最良の学校」として機能したのである。

官民関係の変化

　その後1970年代に入ると、景気の停滞により地方自治体の行財政が悪化し、
革新自治体も減少した。一方で、地方自治体は行財政の改革を求められた。そ
の1つとして進められたのが、行政の在り方の見直し、行政のスリム化であっ
た。そこで企業やNPOなど「民」との協力などが模索された。地域のボラン
ティアとの協力なども進められた。ただし、有償で住民がボランティアとし
て、地方自治体の行政サービスの執行を担うこととなると「行政の下請け」で
はないか、行政は自らの責任を放棄しているのではないかという批判などがみ
られた。

　そのような流れの一方で、1980年代以降は世界的にパートナーシップの潮

流がみられた。1995 年の阪神・淡路大震災の発災後は、その復興等にあたり、警察や消防などの公的機関では十分に対応できず、ボランティア活動が注目されたが、その継続的な活動や円滑な活動についてはいくつかの課題も認識された。これらに対応するように、1998 年にはいわゆる NPO 法が制定され、NPO に対して市民参加の受け皿としての期待が高まり、それらの普及も進んだ。なお、近年では自然災害の頻発や高齢化もあり、いわゆる地縁型のコミュニティである町会や町内会、自治会などの活用も期待されている。

協　同

　これまでみてきたように、1990 年代以降は、公共的な問題に行政のみではなく企業や市民団体なども関わるようになり、行政と民間の関係が充実してきた。その中で重視されてきた考え方が「協働」である。これらについて、市民協働条例（横浜市など）や自治基本条例などで規定されてきた。そこでは対等、相互理解、目的共有、情報公開、自主性・自立性などが規定されることが一般的であり、行政や市民、企業などがその課題や目的を共有し、対等な立場で、それらに取り組んでいくことなどが重要とされる。一方で、官民の関係が変化し、行政の仕事を民間に委託することも増える中、行政の仕組みの中に住民や企業等を取り込むことなどが協働とされることもある。しかしながら、先述のような原則に基づく関係性が求められるため、その使用法には注意が必要である。

　このように、第二次世界大戦後から民主的な地方自治制度のもと、非公的な住民の活動などを中心に、住民自治が発展してきた経緯もある。こうした実践は一度に全国的に広げることは難しいが、それぞれの地域での成功の蓄積によりその質的な前進が成し遂げられてきた。未だ課題もあるものの、社会の本質でもある個々の協力や公的な空間での役割などを考える上で住民自治は、重要な論点である。

196 第9章 地方自治とデモクラシー

2 住民投票とデモクラシー

日本の住民投票

　地方自治においては直接民主制が選挙等の間接民主制を補足する形で存在している。第二次世界大戦後、条例の制定・改廃の請求や議員（議会）・首長等の解職請求などの直接請求制度が導入されている。また、住民投票も憲法第95条の1つの地方自治体への特別法制定の際の住民投票、法律に基づく住民投票、各地方自治体の条例によるものがある。憲法第95条による住民投票は1952年以来実施されていない。法律に基づく住民投票は、合併特例法や都市地域特別区設置法によるものである。条例に基づくものは住民投票の手続を定め、一定の署名によって実施できる常設型の住民投票や個別の事案ごとに行う個別型の住民投票が存在する。条例による住民投票は、1990年代から迷惑施設や市町村合併などに関して行われてきた。この住民投票は、その結果に法的拘束力を有さないため、諮問型とされる。ただし、多数の賛成がある場合は政治的効力を有し、首長等はその結果に反することは稀である。

　このように日本の現行の地方自治体の条例による住民投票は諮問的なものである。一方で、アメリカなどの直接参政制度は最終的な決定に関わることができる。まず、それらの制度について触れてみたい。

イニシアティブとレファレンダム

　アメリカの地方自治体では、イニシアティブ（住民発議）やレファレンダムといった制度が存在する。

　イニシアティブとは、住民が直接的に条例制定などを請求し、議会の審議にかけ、仮に議会で否決されても最終的に、住民投票でその成否を決定することのできる制度である。ちなみに、日本における条例の制定または改廃の請求は、住民の発議を認めているが、最終的な決定権はないため、このイニシアティブとは異なるものである。また、イニシアティブには次のような意義が指摘される。1つは、地域住民に対し、地方自治体の政策や条例に関して意見を表明する機会を与えることである。また、有力政治家と結託した少数派の意見が

議会で代表された場合に対抗して、住民の多数派がその希望する政策を実現することを可能にする。さらに、議会が多数有権者の利益を考慮して、政策を決定するようにしむけることができる。そして最後に、住民の地方自治に対する関心を高めるなど啓蒙的な役割を果たすことなどが考えられる。

次に、レファレンダムとは、地方自治体が法令の決定をする際に、住民からの請求があった場合に、住民投票によってその成否を問う制度である。例えば、ワシントン州シアトル市では、2007年にレジ袋に対しての課税を議決し、法案が成立したのちに、住民の請求により住民投票にかけ、否決した事例がある。

日本においても、1990年代以降、特に迷惑施設に対する住民の意思を問う住民投票が実施されてきた。2000年代に入ると市町村合併に伴う住民投票も活用されてきた。こうした流れの中で住民投票の課題としてはその結果の法的拘束力の有無であった。

このように、住民の代表である議会や首長の決定に対しても、住民が直接関与することができるものがアメリカにおける直接参政制度である。住民投票の実施によって、住民の関心の向上や地方自治体の政策決定への参加などの自認が高まるなどの効果も期待できるのではないか。デモクラシーが機能する上では、住民の意識の高揚や実際の参加が必要と考えられる。

第5節　地方自治と政治

本章では、政治学的視点から、地方自治を扱ってきた。政治とは政策形成であると言える。ある課題に対する解決策（政策）をいかに導き出すか、特に住民参加による民主的な手続、制度が重要である。これまで代表制や直接参政制度など公的な制度や協働といった非公式の方法などについて触れてきた。国家レベルでこうした制度の導入は難しいかもしれないが、「参加民主主義」のように国家より狭い地域、地方自治体でこうした実践を重ねることにより、民主

198 第9章 地方自治とデモクラシー

政治の実態化が展望される。

　また、地方自治の特質として「政策の実験室」として国に先行し、社会的課題へ対応する政策を導入し、それらが成功すると全国に広まり、ひいては国の政策として導入される効果も指摘される。また、効率性の観点から、地方自治体同士での政策や財政の競争が行われることで行財政の効率が高まることや、国と地方自治体の役割分担により、それぞれが効率的に行政サービスの提供等を行える。

　「政治」という現象はその影響力の大きさから国レベルに注目が集まる傾向があるが、その本質は地方レベルにも共通している部分がある。政治学的にみると、地方レベルの事例では観察や実証のためのサンプルが比較的容易に入手できるなどの利点も指摘できるであろう。ブライスの指摘したように、まさに「地方自治は民主政治の最良の学校」なのである。

■主要引用・参照文献一覧■

第1章　政治の科学

有賀弘ほか『政治――個人と統合』（第2版）東京大学出版会、1994年

久米郁男ほか『政治学』有斐閣、2003年

佐々木毅『政治学講義』東京大学出版会、1999年

篠原一ほか編『現代政治学入門』有斐閣、1978年

白鳥令編『現代政治学の理論』上・下・続　早稲田大学出版部、1982年

杉本稔編著『政治の世界』北樹出版、2004年

杉本稔『デモクラシーの政治学』（増補版）北樹出版、2011年

田口富久治『マルクス主義政治理論の基本問題』青木書店、1971年

田口富久治『戦後日本政治学史』東京大学出版会、2001年

田口富久治『政治理論・政策科学・制度論』有斐閣、2001年

原田鋼『政治学原論』（3訂新版）朝倉書店、1961年

本田弘『政治理論の構造』勁草書房、1982年

丸山真男『現代政治の思想と行動』（増補版）未来社、1964年

山川雄巳『政治学概論』有斐閣、1986年

吉村正『デモクラシーの現代化』東海大学出版会、1972年

Easton, D., *The Political System*, 1953.（山川雄巳訳『政治体系――政治学の状態への探究』ぺりかん社、1976年）

Easton, D., *A Systems Analysis of Political Life*, 1965.（片岡寛光監訳『政治生活の体系分析』上・下　早稲田大学出版部、1980年）

Easton, D., *A Framework for Political Analysis*, 1965.（岡村忠夫訳『政治分析の基礎』みすず書房、1968年）

Easton, D., 'THe New Revolution in Political Science', *The American Political Science Review*, Vol.LXIII, 1969.

Eulau, H., *The Behavioral Persuasion in Politics*, 1963.（内山秀夫訳『行動政治学の基礎』東海大学出版会、1975年）

Mannheim, K., *Ideologie und Utopie*, 1929.（高橋徹ほか訳「イデオロギーとユートピア」『世界の名著』56、中央公論社、1971年）

Weber, M., *Wissenschaft als Beruf*, 1919.（尾高邦雄訳『職業としての学問』岩波書店、1936年）

Weber, M., *Politik als Beruf*, 1919.（脇圭平訳『職業としての政治』岩波書店、1980年）

Weinstein, M., *Systematic Political Theory*, 1971.（吉村正監訳『行動科学派の政治理論』東海大学出版会、1973年）

第2章　政治現象と権力

秋元律郎『政治社会学序説――現代社会における権力と参加』早稲田大学出版部、1974年

200　■主要引用・参照文献一覧■

秋元律郎『権力の構造——現代を支配するもの』有斐閣、1981 年

高畠通敏「政治的リーダーシップ」（篠原一ほか編『現代政治学入門』有斐閣、1965 年）

永井陽之助『政治意識の研究』岩波書店、1971 年

原田鋼『権力複合態の理論——少数支配者と多数支配者』有斐閣、1981 年

丸山真男『政治の世界』お茶の水書房、1952 年

三隅二不二『リーダーシップ行動の科学』有斐閣、1978 年

Easton, D., *A Framework for Political Analysis*, 1965.（岡村忠夫訳『政治分析の基礎』みす
　　ず書房、1968 年）

Gerth, H. & Mills, W. C., *Character and Social Structures: The Psychology of Social Institu-
　　tions*, 1953.

Hitler, A., *Mein Kamp*, 1925-1927.（平野一郎ほか訳『わが闘争』上・下　角川書店、1973
　　年）

Lasswell. H., *Politics: Who Gets What, When, How*, 1936.（久保田きぬ子訳『政治——動態
　　分析』岩波書店、1959 年）

Lasswell. H., *Power and Personality*, 1948.（永井陽之助訳『権力と人間』東京創元社、1954
　　年）

Lasswell. H. & Kaplan, A., *Power and Society: A Framework for Political Inquiry*, 1950.

Merriam, C., *Political Power: Its Composition and Incidence*, 1934.（斎藤真ほか訳『政治権
　　力——その構造と技術』上・下　東京大学出版会、1973 年）

Michels, R., *Zur Soziologie des Parteiwesens in der modernen Demokratie: Untersuchungen
　　über die oligarchischen Tendenzen des Gruppenlebens*, 1911.（森博ほか訳『現代民主主
　　義における政党の社会学』木鐸社、1990 年）

Mills, C. W., *White Collar*, 1951.（杉政孝訳『ホワイト・カラー』東京創元社、1979 年）

Mills, C. W., *The Power Elite*, 1956.（鵜飼信成ほか訳『パワー・エリート』上・下　東京大
　　学出版会、1958 年）

Polsby, N., *Community Power and Political Theory*, 1963.（秋元律郎監訳『コミュニティの
　　権力と政治』早稲田大学出版部、1981 年）

Riesman, D., *The Lonely Crowd*, 1950.（加藤秀俊訳『孤独な群衆』みすず書房、1964 年）

Sontheimer, K., *Antidemokratisches Denken in der Weimarer Republic:die politischen Ideen
　　des deutschen Nationalismus zwischen 1918 und 1933*, 1968.（河島幸夫ほか訳『ワイ
　　マール共和国の政治思想——ドイツ・ナショナリズムの反民主主義思想』ミネルヴァ書
　　房、1976 年）

Weber, M., *Politik als Beruf*, 1919.（脇圭平訳『職業としての政治』岩波書店、1980 年）

Weber, M., *Soziologie der Herrschaft*, 1922.（世良晃志郎訳『支配の社会学』1　創文社、
　　1960 年）

第 3 章　現代政治社会の形成

五十嵐武士ほか『アメリカとフランスの革命』中央公論社、1998 年

大嶽秀夫『日本型ポピュリズム』中央公論新社、2003 年

■主要引用・参照文献一覧■　*201*

河野健二編『資料　フランス革命』岩波書店、1989 年

柴田三千雄『フランス革命』岩波書店、1989 年

杉本稔『現代ヨーロッパ政治史』（増補版）北樹出版、2012 年

杉本稔ほか編著『現代政治へのアプローチ』（増補版）北樹出版、1998 年

高木八尺ほか編『人権宣言集』岩波書店、1957 年

辻村明『大衆社会と社会主義社会』東京大学出版会、1967 年

中村英勝『イギリス議会政治史論集』東京書籍、1976 年

中村英勝『イギリス議会史』（新版）有斐閣、1977 年

長谷川輝夫ほか『ヨーロッパ近世の開花』中央公論社、1997 年

浜林正夫『イギリス市民革命史』（増補版）未来社、1971 年

福田歓一『現代政治と民主主義の原理』岩波書店、1972 年

Bagehot, W., *The English Constitution*, 1867.（小松春雄訳「イギリス憲政論」『世界の名著』 60　中央公論社、1970 年）

Blanning, T., *The French Revolution: Aristocrats versus Bourgeois?*, 1987.（天野知恵子訳 『フランス革命』岩波書店、2005 年）

Fromm, E., *Escape from Freedom*, 1941.（日高六郎訳『自由からの逃走』東京創元社、1958 年）

Hill, C., *The English Revolution 1640: An Essay*, 1955.（田村秀夫訳『イギリス革命—— 1640 年』創文社、1956 年）

Hitler, A., *Mein Kampf*, 1925-27.（平野一郎ほか訳『わが闘争』上・下　角川書店、1973 年）

Kornhauser, W., *The Politics of Mass Society*, 1959.（辻村明訳『大衆社会の政治』東京創元 社、1961 年）

Mannheim, K., *Mensch und Gesellschaft im Zeitalter des Umbaus*, 1935.（福武直訳『変革期 における人間と社会』みすず書房、1962 年）

Marx, K. & Engels, F., *Manifest der Kommunistischen Partei*, 1848.（大内兵衛ほか訳『マル クス　エンゲルス　共産党宣言』岩波文庫、1951 年）

Mills, C. W., *White Collar: The American Middle Classes*, 1951.（杉政孝訳『ホワイト・カラ ——中流階級の生活環境』（改訂）東京創元社、1971 年）

Ortaga y Gasset, *La Rebelión de las Masas*, 1930.（寺田和夫訳「大衆の反逆」『世界の名著』 56、中央公論社、1971 年）

Paine, T., *Common Sense*, 1776.（小松春雄訳『コモン・センス』岩波文庫、1976 年）

Riesman, D. et al., *The Lonely Crowd*, 1950.（加藤秀俊訳『孤独な群集』みすず書房、1964 年）

Smith, A., *The Theory of Moral Sentiments*, 1759.（水田洋訳『道徳感情論』筑摩書房、1981 年）

Smith, A., *An Inquiry into the Nature and Causes of the Wealth of Nations*, 1776.（大内兵衛 ほか訳『諸国民の富』岩波書店、1969 年）

Tocqueville, A., *De la Démocratie en Amérique*, 2vols. 1835-40.（井伊玄太郎訳『アメリカの 民主政治』上・下　講談社、1972 年）

Weber, M., *Soziologie der Herrschaft*, 1922.（世良晃志郎訳『支配の社会学』1　創文社、1960 年

第 4 章　民主主義の諸理論

今井真士『権威主義体制と政治制度——「民主化」の時代におけるエジプトの一党優位の実証分析』勁草書房、2017 年

大澤傑『「個人化」する権威主義体制——侵攻決断と体制変動の条件』明石書店、2023 年

粕谷祐子『比較政治学』ミネルヴァ書房、2014 年

川中豪編著『後退する民主主義、強化される権威主義——最良の政治制度とは何か』ミネルヴァ書房、2018 年

東島雅昌『民主主義を装う権威主義——世界化する選挙独裁とその論理』千倉書房、2023 年

山口定『政治体制』東京大学出版会、1989 年

Dahl, R., *Polyarchy: Participation and opposition*, 1971.（高畠通敏ほか訳『ポリアーキー』三一書房、1981 年）

Diamond, L., *Ill Winds: Saving Democracy from Russian Rage, Chinese Ambition, and American Complacency*, 2019.（市原麻衣子監訳『侵食される民主主義——内部からの崩壊と専制国家の攻撃』上・下　勁草書房、2022 年）

Franz, E., *Authoritarianism: What Everyone Needs to Know*, 2018.（上谷直克ほか訳『権威主義——独裁政治の歴史と変貌』白水社、2021 年）

Huntington, S., *The Third Wave: Democratization in the Late Twentieth Century*, 1991.（川中豪訳『第三の波——20 世紀後半の民主化』白水社、2023 年）

Lijphart, A., *Patterns of Democracy: Government Forms and Performance in Thirty-Six Countries 2nd*, 2012.（粕谷祐子ほか訳『民主主義対民主主義——多数決型とコンセンサス型の 36 カ国比較研究』（原著第二版）勁草書房、2014 年）

Linz, J., *The Breakdown of Democratic Regimes: Crisis, Breakdown and Reequilibration*, 1978.（内山秀夫訳『民主体制の崩壊——危機・崩壊・均衡回復』岩波書店、1982 年）

Linz, J., *Totalitarian and Authoritarian Regimes: With a Major New Introduction*, 2000.（高橋進監訳『全体主義体制と権威主義体制』法律文化社、1995 年）

Schumpeter, J., *Capitalism, Socialism and Democracy*, 1942.（中山伊知郎ほか訳『資本主義・社会主義・民主主義』東洋経済新報社、1995 年）

V-Dem Institute, *V-Dem Report 2024: Democracy Winning and Losing at the Ballot*, 2024.

第 5 章　執政制度と民主主義体制

伊藤光利編『政治的エグゼクティヴの比較研究』早稲田大学出版部、2008 年

岩崎正洋編著『大統領制化の比較政治学』ミネルヴァ書房、2019 年

梅川正美編著『現代イギリス政治』（第 2 版）成文堂、2014 年

川人貞史『議院内閣制』東京大学出版会、2015 年

小堀眞裕『ウェストミンスター・モデルの変容——日本政治の「英国化」を問い直す』法律

■主要引用・参照文献一覧■ *203*

文化社、2012 年

高安健将『首相の権力——日英比較からみる政権党とのダイナミズム』創文社、2009 年

高安健将『議院内閣制——変貌する英国モデル』中央公論新社、2018 年

建林正彦ほか『比較政治制度論』有斐閣、2008 年

辻陽「大統領制比較のための視座——『制度的権力』と『政治的権力』」『法学論叢』第 158
巻、第 2、3、4 号、2005〜2006 年

原田久「政治の大統領制化の比較研究」『日本比較政治学会年報』第 10 巻、2008 年

待鳥聡史『首相政治の制度分析——現代日本政治の権力基盤形成』千倉書房、2012 年

山口二郎『内閣制度』東京大学出版会、2007 年

Lijphart, A., *Patterns of Democracy: Government Forms and Performance in Thirty-Six Countries 2nd*, 2012.（粕谷祐子ほか訳『民主主義対民主主義——多数決型とコンセンス型の 36 カ国比較研究』（原著第二版）勁草書房、2014 年）

Linz, J. and Valenzuela, A. eds., *The Failure of Presidential Democracy*, 1994.（中道寿一訳『大統領制民主主義の失敗——理論編：その比較研究』南窓社、2003 年）

McCubbins, M. and Haggard, S. eds., *Presidents, Parliaments and Policy*, 2001.

Poguntke, T. and Webb, P. eds., *The Presidentialization of Politics: A Comparative Study of Modern Democracies*, 2005.（岩崎正洋監訳『民主政治はなぜ「大統領制化」するのか——現代民主主義国家の比較研究』、ミネルヴァ書房、2014 年）

Strøm, K., 'Delegation and Accountability in Parliamentary Democracies', *European Journal of Political Research*, Volume 37, Issue 3, pp.261-289, 2000.

第 6 章　議会制デモクラシーと選挙制度

飯尾潤『日本の統治構造——官僚内閣制から議院内閣制へ』中央公論新社、2007 年

岩崎美紀子『二院制議会の比較政治学——上院の役割を中心に』岩波書店、2013 年

犬童一男ほか『影の内閣——イギリス・政権交代への備え』日本放送出版協会、1990 年

大嶽秀夫『日本型ポピュリズム』中央公論新社、2003 年

大山礼子『比較議会政治論——ウェストミンスターモデルと欧州大陸型モデル』岩波書店、
2003 年

粕谷祐子『比較政治学』ミネルヴァ書房、2014 年

加藤秀治郎ほか編『議会政治』（第 4 版）慈学社出版、2024 年

菅直人『大臣』岩波書店、1998 年

阪上順夫『現代選挙制度論』政治広報センター、1990 年

白鳥令編『日本の内閣』全 3 巻　新評論、1981 年

杉原泰雄ほか『憲法と議会制度』法律文化社、2007 年

杣正夫『日本選挙制度史——普通選挙法から公職選挙法まで』九州大学出版会、1986 年

高橋和之『国民内閣制の理念と運用』有斐閣、1994 年

田口富久治ほか『比較政治制度論』法律文化社、1994 年

竹中治堅『首相支配——日本政治の変貌』中央公論新社、2006 年

竹中治堅『参議院とは何か——1947〜2010』中央公論新社、2010 年

204 ■主要引用・参照文献一覧■

建林正彦ほか『比較政治制度論』有斐閣、2008 年

田中善一郎『日本の総選挙——1946〜2003』東京大学出版会、2005 年

西平重喜『各国の選挙——変遷と実状』木鐸社、2003 年

堀江湛編『政治改革と選挙制度』芦書房、1993 年

松下圭一『政治・行政の考え方』岩波書店、1998 年

的場敏博『政治機構論講義——現代の議会制と政党・圧力団体』有斐閣、1998 年

山口二郎『イギリスの政治 日本の政治』筑摩書房、1998 年

山口二郎『内閣制度』東京大学出版会、2007 年

Bagehot, W., *The English Constitution*, 1867.（小松春雄訳「イギリス憲政論」『世界の名著』60、中央公論社、1970 年）

Kornhauser, W., *The Politics of Mass Society*, 1959.（辻村明訳『大衆社会の政治』東京創元社、1961 年）

Lijphart, A., *Patterns of Democracy: Government Forms and Performance in Thirty-Six Countries 2nd*, 2012.（粕谷祐子ほか訳『民主主義対民主主義——多数決型とコンセンス型の 36 カ国比較研究』（原著第二版）勁草書房、2014 年）

Locke, J., *Two Treatises of Government*, 1690.（加藤節訳『統治二論』岩波書店、2007 年）

Montesquieu, C., *De l'esprit des lois*, 1748.（野田良之ほか訳『法の精神』上・中・下 岩波書店、1989 年）

第 7 章 政党と政党組織

浅井直哉『政党助成とカルテル政党』勁草書房、2023 年

岩崎正洋『政党システムの理論』東海大学出版会、1999 年

円藤真一『政党の理論』勁草書房、1967 年

岡沢憲芙『政党』東京大学出版会、1988 年

川人貞史ほか『現代の政党と選挙』有斐閣、2001 年

白鳥浩『市民・選挙・政党・国家——シュタイン・ロッカンの政治理論』東海大学出版会、2002 年

建林正彦編著『政党組織の政治学』東洋経済新報社、2013 年

鶴田正治『イギリス政党成立史研究』亜紀書房、1977 年

待鳥聡史『政党システムと政党組織』東京大学出版会、2015 年

的場敏博『現代政党システムの変容——90 年代における危機の深化』有斐閣、2003 年

横越英一『近代政党史研究』勁草書房、1960 年

Almond, G., "A Functional Approach to Comparative Politics", in Almond et al., eds., *The Politics of the Developing Areas*, 1960.

Burke, E., *Thoughts on the Cause of the Present Discontents*, 1770.（中野好之訳『現代の不満の原因——崇高と美の観念の起源』みすず書房、1973 年）

Downs, A., *An Economic Theory of Democracy*, 1957.（古田精司監訳『民主主義の経済理論』成文堂、1980 年）

Duverger, M., *Les Partis Politiques*, 1951.（岡野加穂留訳『政党社会学——現代政党の組織

■主要引用・参照文献一覧■　*205*

と活動』潮出版社、1970 年）

Duverger, M., (translated by Wagnor, R.), *Party Politics and Pressure Groups*, 1972.

Katz, R. and Mair, P., Changing Models of Party Organization and Party Democracy: The Emergence of the Cartel Party, *Party Politics*, Vol. 1, No. 1, 1995.

Laakso, M. and Taagepera, R., 'Effective' Number of Parties: A Measure with Application to West Europe, *Comparative Political Studies*, Vol.12, No.1, 1979.

Lapalombara, J. and Weiner, M. eds., *Political Parties and Political Development*, 1966.

Lipset, S. and Rokkan, S. eds., *Party Systems and Voter Alignments: Cross-National Perspectives*, 1967.

Neumann, S., *Modern Political Parties: Approaches to Comparative Politics*, 1956.（渡辺一訳『政党——比較政治学的研究』みすず書房、1958 年）

Panebianco, A., *Political Parties: Organization and Power*, 1988.（村上信一郎『政党——組織と権力』ミネルヴァ書房、2005 年）

Richards, S., *Introduction to British Government*, 1978.（伊藤勲監訳『現代イギリスの政治』敬文社、1979 年）

Sartori, G., *Parties and Party Systems*, 1976.（岡沢憲芙ほか訳『現代政党学——政党システム論の分析枠組み』Ⅰ・Ⅱ　早稲田大学出版部、1980 年）

Schattschneider, E.E., *Party Government*, 1942.（間登志夫訳『政党政治論』法律文化社、1962 年）

Weber, M., *Politik als Beruf*, 1919.（脇圭平訳『職業としての政治』岩波書店、1980 年）

第 8 章　政治過程と参加デモクラシー

石川真澄『戦後政治史』（新版）岩波書店、2004 年

猪口孝ほか『「族議員」の研究——自民党政権を牛耳る主役たち』日本経済新聞社、1987 年

岩井奉信『「政治資金」の研究——利益誘導の日本的政治風土』日本経済新聞社、1990 年

内田満『アメリカ圧力団体の研究』三一書房、1980 年

内田満『変貌するアメリカ圧力政治——その理論と実際』三嶺書房、1986 年

大嶽秀夫編『政界再編の研究——新選挙制度による総選挙』有斐閣、1997 年

大森翔子『メディア変革期の政治コミュニケーション——ネット時代は何を変えるのか』勁草書房、2023 年

蒲島郁夫『政治参加』東京大学出版会、1988 年

蒲島郁夫『戦後政治の軌跡——自民党システムの形成と変容』岩波書店、2004 年

蒲島郁夫ほか『メディアと政治』（改訂版）有斐閣、2010 年

上林良一『圧力団体論』有斐閣、1963 年

古賀純一郎『政治献金——実態と論理』岩波書店、2004 年

篠原一『市民参加』岩波書店、1977 年

白崎護「フェイクニュースとメディア環境」『研究論集』112 巻、関西外国語大学・関西外国語大学短期大学部、2020 年

総務省「令和 5 年度情報通信メディアの利用時間と情報行動に関する調査報告書」2024 年

206 ■主要引用・参照文献一覧■

竹下俊郎『メディアの議題設定機能──マスコミ効果研究における理論と実証』（増補版）学文社、2008 年

田口富久治『社会集団の政治機能』未来社、1969 年

谷口将紀『政治とマスメディア』東京大学出版会、2015 年

谷藤悦史ほか編『リーディングス政治コミュニケーション』一藝社、2002 年

辻中豊『利益集団』東京大学出版会、1988 年

永井史男ほか編著『政治学入門』ミネルヴァ書房、2019 年

西尾勝『権力と参加──現代アメリカの都市行政』東京大学出版会、1975 年

前嶋和弘「2016 年アメリカ大統領選挙とメディア」『選挙研究』33 巻 1 号、木鐸社、2017 年

升味準之輔『現代政治──1955 年後』上・下　東京大学出版会、1985 年

三宅一郎『投票行動』東京大学出版会、1989 年

三輪洋文「Twitter データによる日本の政治家・言論人・政党・メディアのイデオロギー位置の推定」『選挙研究』33 巻 1 号、木鐸社、2017 年

村松岐夫ほか『戦後日本の圧力団体』東洋経済新報社、1986 年

読売新聞東京本社世論調査部編著『二大政党時代のあけぼの──平成の政治と選挙』木鐸社、2004 年

Almond, G. et al. eds., *The Politics of the Developing Areas*, 1960.

Almond, G. and Verba, S., *The Civic Culture: Political Attitudes and Democracy in five nations*, 1963.（石川一雄ほか訳『現代市民の政治文化──五カ国における政治的態度と民主主義』勁草書房、1974 年）

Beer, S., 'Pressure Groups and Parties in Britain' in *American Political Science Review*, Vol. 55, No. 1, 1956.

Bentley, A., *The Process of Government: A Study of Social Pressures*, 1908.

Dodd, L.C., *Coalitions in Parliamentary Government*, 1976.（岡沢憲芙訳『連合政権考証──政党政治の数量分析』政治広報センター、1977 年）

Downs, A., *An Economic Theory of Democracy*, 1957.（古田精司監訳『民主主義の経済理論』成文堂、1980 年）

Finer, S. E., *Anonymous Empire: A Study of the Lobby in Great Britain*, 1958.

Gardner, J., *In Common Cause*, 1972.（加藤幹雄ほか訳『コモン・コーズ──開かれた政治を求めて』サイマル出版会、1977 年）

Key Jr., *Politics Parties and Pressure Groups*, 1964.

Lazarsfeld, P., Berelson, B. and Gaudet, H., *The People's Choice: How the Voter Makes up his Mind in a Presidential Campaign 3rd*, 1968.（有吉広介監訳『ピープルズ・チョイス──アメリカ人と大統領選挙』芦書房、1987 年）

Lowi, T. J., *The End of Liberalism*, 1969.（村松岐夫監訳『自由主義の終焉』木鐸社、1981 年）

McKenzie, R. T., 'Parties, Pressure Groups and British Political Process', in *Political Quarterly*, Vol. 29. No. 4, 1958.

Pateman, C., *Participation and Democratic Theory*, 1970.（寄本勝美訳『参加と民主主義理論』早稲田大学出版部、1977 年）

Pye, L. et al. eds., *Polotical Culture and Political Development*. 1965.

Richards, S. G., *Introduction to British Government*, 1978.（伊藤勲監訳『現代イギリスの政治』敬文堂、1979 年）

Schattschneider, E. E. *The Semisovereign People: A Realist's View of Democracy in America*, 1960.（内山秀夫訳『半主権人民』而立書房、1972 年）

Schmitter, C. and Lehmbruch, G. eds., *Trends towards Corporatist Intermediation*, 1979.（山口定監訳『現代コーポラティズム I』木鐸社、1984 年）

第 9 章　地方自治とデモクラシー

阿部齊ほか『地方自治の現代用語』（第 2 次改訂版）学陽書房、2005 年

天川晃『戦後自治制度の形成——天川晃最終講義』左右社、2017 年

礒崎初仁ほか『ホーンブック地方自治』（新版）北樹出版、2020 年

稲継裕昭『地方自治入門』有斐閣、2011 年

今井照『地方自治講義』筑摩書房、2017 年

今川晃ほか編『分権時代の地方自治』三省堂、2007 年

入江容子ほか『地方自治入門』ミネルヴァ書房、2020 年

宇賀克也『地方自治法概説』（第 9 版）有斐閣、2021 年

宇野二朗ほか編著『テキストブック地方自治の論点』ミネルヴァ書房、2022 年

大森彌ほか『これからの地方自治の教科書』（改訂版）第一法規、2021 年

金井利之『自治制度』東京大学出版会、2007 年

北村亘ほか『地方自治論：2 つの自立性のはざまで』有斐閣、2017 年

北山俊哉ほか編『テキストブック地方自治』（第 3 版）東洋経済新報社、2021 年

幸田雅治編『地方自治論——変化と未来』法律文化社、2018 年

柴田直子編著『地方自治論入門』ミネルヴァ書房、2017 年

曽我謙悟『日本の地方政府——1700 自治体の実態と課題』中央公論新社、2019 年

中邨章『アメリカの地方自治』学陽書房、1991 年

西尾勝ほか編著『自治行政要論』第一法規出版、1986 年

西尾勝『行政学の基礎概念』東京大学出版会、1990 年

馬場健ほか編『地方自治入門』法律文化社、2023 年

人見剛ほか編著『ホーンブック地方自治法』（第 3 版）北樹出版、2015 年

藤井浩司ほか編著『地方自治の基礎』一藝社、2017 年

吉野孝ほか編著『政治を学ぶための基礎知識　論点　日本の政治』東京法令出版、2015 年

寄本勝美『自治の形成と市民——ピッツバーグ市政研究』東京大学出版会、1993 年

事項索引

ア　行

アウトプット　158
圧力団体　168
アナウンスメント効果　167
『アメリカの民主政治』　78
アリーナ型議会　140
安価な政府　73
暗中飛躍　80
イギリス革命　62
『イギリス憲政論』　75
一党制　151
一党優位政党制　151
イデオロギー距離　150
イニシアティブ　195
インプット　158
エコーチェンバー現象　184
SNS　182
エリー調査　163
穏健な多党制　152

カ　行

価値自由　17
寡頭制の鉄則　36
カリスマ的支配　37
カルテル政党　149
関係的権力概念　30
官職カリスマ　38
完全連記制　134
幹部政党　148
官僚制の逆機能　84
議院内閣制　74, 114
議会主権　66
議会の復古　65
機関委任事務　189
疑似コーポラティズム　178
議題設定効果　167
競合的闘争　98
『共産党宣言』　79
行政国家　81

協働　194
脅迫的性格　55
恐怖政治　69
近代官僚制　84
近代組織政党　147
クレデンタ　43
啓蒙的機能　144
劇化的性格　55
劇場型政治　95
権威主義体制　108
原子化　91
原子化政党制　153
権利章典　66
権利請願　64
権力　29
拘束名簿式　135
行動科学　23
行動論革命　22
行動論政治学　22, 23
合法的支配　38
コーカス制度　147
国民公会　69
国民代表機能　82
『孤独な群衆』94
コミュニケーションの二段の流れ仮説　163
コモン・コーズ　172
『コモン・センス』　72
コンセンサス型民主主義　103, 106

サ　行

参加型政治文化　161
三乗比の法則　133
三部会　66
三割自治　189
シカゴ学派　22
資質アプローチ　54
自治事務　190
執政制度　114
執政長官　114
実体的権力概念　30

私的自治の原則　72
支配　33
支配の正当性　36
市民階級　70
市民革命　62
市民社会　62
社会的価値　28
社会的動物　27
社会の基本的民主化　78
『自由からの逃走』　93
習慣背景　174
集団への重複加入　173
自由放任　72
住民自治　186
首相公選制　116
10 ポンド家屋占有選挙権　79
状況アプローチ　55
情実任用制　85
少数支配の法則　34
少数者原理　35
少数代表制　132
小選挙区　132
小選挙区制　104
象徴の操作　43
『職業としての政治』　54
『諸国民の富』　73
自律内閣制　117
審議の機能　83
心情倫理　54
臣民型政治文化　161
制限選挙　74
制限連記制　134
政治化　29
『政治過程論』　21
政治化の時代　169
政治現象　16
政治権力　32
政治システム　24
政治的コミュニケーション　146
政治的社会化　45, 146
政治的先有傾向　163
政治的補充　145
政治的無関心　92
政治文化　45

政党　142
政党システム　104
政府監視機能　83
責任倫理　54
世襲カリスマ　38
絶対王政　63
全体主義体制　108
操作　52
創造的リーダーシップ　61
争点提示機能　140
組織化　91
存在被拘束性　19

タ　行

大衆社会　62
大衆政党　148
大衆操作　91
大衆デモクラシー　35
『大衆の反逆』　88
大選挙区　132
大統領制　115
大統領制化　126
代表的（制度的）リーダーシップ　59
多元論　47
他者指向型　94
多数代表型民主主義　102, 106
多数代表制　132
脱行動論革命　25
多党制　104
団体自治　186
地域権力構造理論　47
地方政府　192
地方創生　192
地方分権一括法　190
地方分権改革推進法　192
地方分権推進法　190
中位投票者定理　157
中選挙区制　134
長期議会　64
強い参議院　139
哲学的アプローチ　20
伝統指向型　94
伝統的支配　36
伝統的政治学　20

210　事項索引

伝統的リーダーシップ　59
統一政府　119
投機的リーダーシップ　60
『道徳感情論』　72
トーリー　66
ドント式　135

ナ 行

二元代表制　187
二党制　152
ネオ・コーポラティズム　176

ハ 行

媒介的機能　144
『パワーエリート』　47
半大統領制　115
パンのための学問　11
PM 理論　57
非拘束名簿式　135
必要悪　73
人および市民の権利宣言（人権宣言）　67
比例代表制　104, 132
フィードバック　24
フィードバック・ループ　158
フォーディズム　89
福祉国家　82
服従　33
普通選挙制　80
フランス革命　62
プリンシパル・エージェント理論　117
分割政府　119
分極的多党制　152
紛争　28
平準化　89

平成の大合併　191
ヘゲモニー政党制　151
変換型議会　139
ホイッグ　66
法学的（制度論的）アプローチ　20
包括政党　148
法定受託事務　190
ポピュリズム　95
ポリアーキー　98

マ 行

見えざる手　72
未分化型政治文化　160
ミランダ　43
名望家政党　147
名誉革命　66

ヤ・ラ行

夜警国家　73
リーダーシップ　52
利益集約　145
利益表出　145
立憲主義　74
立法機能　83, 140
立法国家　74
理念型　17
リベラル・デモクラシー　77
猟官制的官僚制　85
歴史的アプローチ　20
レファレンダム　195
連邦制国家　106
連邦ロビイング規制法　175
ロビイスト　175
ロビイング　175

人名索引

ア 行

アーモンド　145
アリストテレス　13
イーストン　23
ウェーバー　17
ウォラス　21
エンゲルス　79
オルテガ・イ・ガセット　88

カ 行

カッツ　149
キー　170
ギャラガー　138
キャンベル　163
キルヒハイマー　148
クロムウェル　64
コーンハウザー　86

サ 行

サルトーリ　150
シャットシュナイダー　143
シュンペーター　97
スミス　72

タ 行

ダール　49, 98
ダウンズ　156
タゲペラ　153
トクヴィル　78
トランプ　183
トルーマン　21

ナ・ハ行

ナポレオン　37
ノイマン　143
バーカー　145
バーク　142
バジョット　75
ハンター　47

ビア　178
ヒトラー　60
ブライス　186
プラトン　13
フランツ　111
フロム　93
ペイン　72
ベレルソン　163
ベントレー　21
ホッブス　16

マ 行

マキアヴェリ　16
マルクス　18, 79
丸山真男　17
マンハイム　19
三隅二不二　57
ミヘルス　36
ミルズ　47
メア　149
メリアス　22
モンテスキュー　140

ラ 行

ラークソ　153
ラザースフェルド　163
ラズウェル　22, 54
ラスキ　86
ラッサール　73
リースマン　46, 94
リプセット　156
リンス　108
ルソー　16
レイプハルト　102
レームブルッフ　177
ロッカン　156
ロック　16
ロベスピエール　68

著者紹介

杉本　稔（すぎもと　みのる）

1946 年 10 月　東京都に生まれる
1969 年　　　　日本大学法学部卒業
1976 年　　　　日本大学大学院法学研究科修了（政治学修士）
　　　　　　　日本大学法学部専任講師、助教授を経て
1998 年　　　　日本大学法学部教授（西洋政治史担当）
2016 年　　　　日本大学名誉教授
主要著作　　　『現代ヨーロッパ政治史』（増補版）北樹出版、2012 年
　　　　　　　『デモクラシーの政治学』（増補版）北樹出版、2011 年
　　　　　　　『イギリス労働党史研究』北樹出版、1999 年

三澤　真明（みさわ　まさひろ）

1987 年 6 月　　埼玉県に生まれる
2010 年　　　　日本大学法学部卒業
2012 年　　　　日本大学大学院法学研究科博士前期課程修了（政治学修士）
2018 年　　　　日本大学大学院法学研究科博士後期課程修了（政治学博士（政治学））
　　　　　　　日本大学法学部助教、専任講師を経て
2021 年　　　　日本大学法学部准教授（ヨーロッパ政治論担当）
主要著作　　　『個人データ保護のグローバルマップ』（共著）弘文堂、2024 年
　　　　　　　『大統領制化の比較政治学』（共著）ミネルヴァ書房、2019 年
　　　　　　　「1975 年国民投票後のヨーロッパ統合をめぐる労働党の党内分裂」『政経研究』56 巻、2 号、2019 年

鈴木　隆志（すずき　たかし）

1984 年 2 月　　埼玉県に生まれる
2007 年　　　　日本大学法学部卒業
2009 年　　　　早稲田大学大学院政治学研究科修士課程修了（政治学修士）
2015 年　　　　早稲田大学大学院政治学研究科博士後期課程単位取得退学
　　　　　　　日本大学法学部助教、専任講師を経て
2022 年　　　　日本大学法学部准教授（地方自治論担当）
主要著作　　　『政治学』（共著）弘文堂、2023 年
　　　　　　　『地方自治論』（共著）弘文堂、2018 年
　　　　　　　「シアトル市のデモクラシー・バウチャー制度の導入とその特質」『地方自治研究』37 巻 1 号、2022 年

現代政治学入門

2025 年 4 月 25 日　初版第 1 刷発行

著　者　杉　本　　　稔
　　　　三　澤　真　明
　　　　鈴　木　隆　志
発行者　木　村　慎　也

・定価はカバーに表示　　　　　印刷　中央印刷／製本　和光堂

発行所　株式会社　北 樹 出 版

〒153-0061　東京都目黒区中目黒1-2-6
電話(03)3715-1525(代表)　FAX(03)5720-1488

© Sugimoto Minoru et al., 2025, Printed in Japan　ISBN 978-4-7793-0770-6

(乱丁・落丁の場合はお取り替えします)